KB117921

수
련

— 이 책은 2017년도 (재)플라톤 아카데미의 저술 지원을 받아 출간됐습니다.

수 련

삶의 군더더기를 버리는 시간

배 철 현 지음

21세기북스

차례

## 3부 ──── 추상, 본질을 찾아가는 훈련

수련이 가장 훌륭한 스승입니다.

푸블릴리우스 시루스, 고대 로마 시인

# 하루 10분, 나를 찾는 짧고 깊은 생각

나는 '위대한 나 자신'을 흠모한다. 위대한 개인은 곧 위대한 공동체, 위대한 국가의 초석이다. 자기 자신에게 위대한 사람은 남에게도 위대하기 때문이다. 그런 '위대한 개인'을 정신적으로 그리고 육체적으로 완성시킬 수 있는 교본은 없을까?

나는 이 위대한 개인을 발견하고 완성시키는 데 도움이 될 만한 네 가지 단계를 찾아냈다. 심연-수련-정적-승화의 단계다. 인간은 이 단계를 통해 스스로에게 자랑스러울 뿐만 아니라 공동체에도 절실한 인물로 다시 태어날 수 있다.

첫 단계는 '심연'이다. 심연은 '끝을 알 수 없는 깊은 연못'이자 진실한 자아를 만나기 위해 들어가야 할 '마음의 연못'이다.

마음속 깊은 곳에서 혼자만의 시간을 가질 때 생기는 고독은 자신을 위한 최고의 사치이며, 동시에 자기 자신에게 줄 수 있는 가장 귀한 선물이다.

내 안에는 호시탐탐 기회를 노리며 나의 생각과 말을 지배하려는 누더기가 있다. 그것은 진부한 습관에 안주하려는 '과거의 나'다. 그런 나를 직시하고 응시하는 이 시간과 공간이 바로 심연이다.

나를 향한 혹독한 검열자가 되지 않으면 우리는 쉽게 타인과의 경쟁에 휩쓸리고 만다. 전작 『심연』은 자신과 온전히 마주하는 시간과 공간의 중요성을 고백한 책이다.

두 번째 단계는 '수련'이다. 수련은 미래의 나를 그리며 오늘의 나를 전폭적으로 변화시키는 훈련이다.

이 훈련은 무엇을 더하는 게 아니라 덜어내는 것이다. 불필
요한 생각과 말, 행동 등 '오늘 하루 굳이 하지 않아도 되는
것들'의 목록을 만들어, 나도 모르게 내 안에 쌓인 삶의 군
더더기를 버리는 연습이다.

나는 내가 되고 싶은 '나'를 향해 매일 조금씩 나아간다. 나
만의 고유한 삶은 이 걷어내는 작업을 통해 서서히 그 모습
을 드러낸다. 따라서 수련의 완성은 목표점에 도달하는 게
아니라 매일 새로운 지점을 정해 묵묵히 인내하며 걸어나가
는 것이다.

세 번째 단계는 '정적'이다. 수련하는 자신을 온전한 '나'로
숙성시키는 조용한 기적이 바로 정적이다. 정적은 고요한
호수와 같은 상태로, 잡념으로 인해 흔들리는 마음의 소용
돌이를 잠잠하게 만드는 '정중동(靜中動)'이다.

정적의 단계를 지나면 마지막 네 번째 단계로 이어진다. 바

로 '승화'다. 승화는 과거의 내가 아닌 새로운 '나'로 태어나는 시간이다.

승화는 애벌레가 나비가 되기 위해 천지개벽하는 장소인 '고치' 안에서 일어나는 변신이다. 고치는 밖에서 볼 때 아무런 변화가 없어 보이지만 실제 그 내부에서는 상상하는 것 이상의 폭발적인 변화가 생긴다.

승화는 고유한 생각과 말이 깊은 성찰로부터 나오는 삶의 방식이다. 승화는 자신이 간절하게 원하는 바를 거침없이, 자유롭게 행할 때 자신의 삶에 슬며시 일어날 것이다.

이 책은 지난 1년간의 나의 수련에 대한 기록이다. 감동적인 삶이 무엇인지 숙고하며, 스스로에게 감동적인 나를 만들기 위해 훈련했던 날들의 고백이다.

나의 수련을 묵묵히 응원해준 도반(道伴), 최창원 부회장께 감사드린다. 그는 내가 어렴풋이 알던 수련의 중요성을 스스로의 정제된 행동으로 보여주는 사람이다. 그리고 그는 멀찍이서 나의 수련을 바라본다. 이제 나뿐만 아니라 독자들과도 그 소중한 도반의 우정을 나누고 싶다.


2018년 4월

배철현

1부

# 직시
## 直視

감추고 싶은
나를
마주하는
시간

당신이 무언가를 진정으로 추구한다면

그것이 당신을 포용할 것입니다.

잘랄 앗딘 루미, 13세기 페르시아 수피 시인

지금

只今

●

과거와 미래가 하나 되는 시간

'시작'은 항상 불안하고 폭력적이다. 시작이라는 단어에는 과거와의 매정한 단절, 미래에 대한 비전과 희망 그리고 지금과 여기에 대한 확신과 집착이 혼재해 있다.

익숙한 것들은 그것을 경험하는 사람들에게 편함을 선물한다. 그러나 이 편함은 이중적이다. 시간이 지나면 이내 불평과 지루함으로 변하기 때문이다. 자신이 주도적으로 고유한 목적을 구축하고, 그것을 위해 열정적으로 수련하는 자만이 실망하지 않는다.

최선을 지향하는 지금 이 순간이 내가 희구하는 천국이다. 이 순간을 온전히 내 것으로 만들지 못한다면, 나는 그 시간의 흐름에 이리저리 떠다니는 부초와 다를 바 없다.

자신이 원하는 운명을 개척하는 예술적인 행위가 시작이다. 시작은 독창적이다. 현재라는 순간을 파괴해 미래라는 영원으로 끊임없이 지배하려는 의지다. 로마 제국의 시인 호라티우스는 이 의지를 담은 유명한 〈송가(Odes)〉 하나를 남겼다.

Dum loquimur, fugerit invidia aetas:

carpe diem, quam minimum credula postero.

지금 내가 말하는 동안에도 남을 부러워하다 보낸 세월이
저만큼 도망갑니다.

바로 이 순간을 낚아채십시오, 미래에 일어날 일을 신경쓰
지 마십시오.


호라티우스는 위 시구에서 시간을 두 가지로 구분한다. "남
을 부러워하다 보낸 세월"과 "바로 이 순간"이다. 부러움은
시간이라는 괴물을 만나 질투가 된다.

호라티우스는 "남을 부러워하다 보낸 세월"처럼 선형적이
며 흘러가는 시간을 라틴어로 '아이타스(aetas)'라고 표현했
다. 아이타스는 양적인 시간으로서 숫자로 표시된다. 아이
타스의 속성은 도망과 덧없음이다.

호라티우스는 시를 짓는 그 순간의 심정을 시로 표현했다.
자신이 말하고 있는 그 순간에도 시간은 어김없이 도망친다
는 것을.

호라티우스는

시간을 두 가지로 구분한다.

"남을 부러워하다 보낸 세월"과

"바로 이 순간"이다.

부러움은 시간이라는 괴물을 만나

질투가 된다.

아이타스를 흔히 '세월/세대'로 번역하는 것은, 스스로 인생의 주인으로 살지 않으면 그 시간은 1년, 10년 혹은 100년 단위로 순식간에 사라진다는 아쉬움을 담고 있어서다.

호라티우스는 남을 부러워하고 시기하다가 흘려보낸 세월을 중지시키고 새롭게 시작하는 순간을, '카르페 디엠(carpe diem)'이라고 표현했다.

이 문구는 1989년 〈죽은 시인의 사회〉라는 영화를 통해 널리 알려졌다. 배우 로빈 윌리엄스가 미국의 한 사립학교에서 영어를 가르치는 존 키팅 선생 역을 맡았다. 그는 고등학교를 졸업하고 새로운 세계로 진입하려는 경계에 서 있는 제자들에게 이렇게 말한다. "카르페 디엠! 이 날을 잡아라. 너희들의 삶을 비범(非凡)하게 만들어라!"

비범한 삶을 위해서는 먼저 카르페 디엠을 실천해야 한다는 충고다. 비범에는 다른 사람에 대한 부러움이나 질투가 없다. 우리는 다른 사람들이 아름답거나 탁월하다고 추앙하는 선율에 쉽게 매료된다. 이른바 전문가들이 최고라고 추켜세운

평가를 그대로 받아들인다. 그런 전문가들도 또 다른 전문가들의 의견을 그대로 수용한 경우가 허다하다.

비범은 객관적으로 평가해 정량화할 수 있는 것이 아니다. 비범은 마음속에서 흘러나오는 침묵의 소리를 들을 때 비로소 만들어지기 시작한다. 범인(凡人)은 이 소리를 들으려 하지 않는다. 설령 들린다 할지라도 이를 무시한다.


비범한 자는 자신만의 춤추는 빛을 소중하게 간직하는 자다. 호라티우스는 그 빛을 '디엠(diem)'이라고 표현했다. 디엠은 라틴어로 '낮' 혹은 '하루'라는 의미다. 오래전부터 인류를 매료시킨 이 단어는 '빛나는 물체', '최초의 빛' 혹은 '빛을 창조하는 존재 / 신'이라는 의미로 확장됐다.

'신'이라는 의미의 라틴어 '데우스(deus)'도 같은 어원에서 출발해 '우주를 혼돈에서 질서로 전환하는 존재'로 확장됐다. 인류는 오래전부터 빛의 상징인 태양을 숭배해왔다. 태양은 암흑과 혼돈 속에서는 존재하지 않던 만물을 적재적소에 배치하고, 그 만물에 존재 의미를 부여한다.

기원전 6세기 한 유대 시인은 그 빅뱅의 순간을 이렇게 표현했다. "빛이 있으라!" 이 빛은 만물을 존재하게 하고 의미를 부여하는 창조적인 힘이다. 또한 우주의 질서에 맞춰 매순간 스스로 최적의 상태로 변화하는 절대 절명의 순간이기도 하다.

우주에는 어떤 사건이 일어나야만 하는 예정된 시간이 있다. 씨를 뿌려야 할 때가 있고 추수를 해야 할 때가 있다. 우리는 이 우주적인 시간을 포착할 수 있는 능력을 지혜라고 부르며, 그런 사람을 천재라고 부른다.


호라티우스는 이 순간을 포착하는 능력을 '카르페(carpe)'라고 표현했다. 원래 카르페는 고대 로마 농부들이 즐겨 사용하던 단어다.

로마는 그리스로부터 조원과 원예 기술을 배웠다. 기원전 4세기, 그리스의 알렉산더 대왕은 페르시아를 정복하면서 페르시아 황제들이 가꾸어놓은 정교한 정원과 과수원, 화원들을 보고 크게 심취했다. 그는 이를 학문 분야로 만들어 귀

족들의 삶을 풍요롭게 하는 수련의 장으로 만들었다.

조원과 원예 기술의 핵심은 자연에 대한 섬세하고 진지한 관찰이다. 1년 중 언제 비가 오고 눈이 오는지, 언제 낮의 길이가 길어지고 짧아지는지, 언제 씨를 뿌리고 거름을 주고 추수하는 것이 가장 효율적인지.

카르페는 과실 농사를 지어 과실의 당도가 가장 높고 맛있을 때 그것을 나무로부터 강제로 따는 행위를 뜻한다. 이 행위를 위해서는 과실나무의 결정적 순간을 볼 수 있는 힘이 있어야 한다. 농부는 자신이 원하는 맛을 얻기 위해 가장 좋은 환경을 만들고, 탁월한 식견으로 과실을 파격적으로 떼어내야 한다.

카르페는 바로 그 순간을 포착하는 능력이다. 그 순간을 감지해 나무라는 과거와 구태의연함, 편안함에서부터 나를 분리하는 예술적인 안목이다. 카르페는 자신을 깊이 관찰하고, 자신만의 초신성을 관찰할 수 있는 예민한 정신의 수련자에게 주어지는 용기다.

『선조들의 어록』은 유대인이 삶의 등불로 삼는 나침판 같은 책이다. 이 책 1장 14절에는, 가장 위대한 랍비인 힐렐(Hillel)의 어록이 담겨 있다.

내가 나 자신을 위하지 않는다면, 누가 나를 위할 것인가? 내가 나 자신을 위한 유일한 존재가 아니라면, 나는 누구인가? 지금이 아니면, 언제란 말인가?

'지금'을 포착하는 능력은 새로운 시작의 총성이다. '카르페 디엠'이라는 문구가 우리에게 던지는 물음은 이것이다.
당신은 당신의 심연에서 요동치는 찬란한 빛을 본 적이 있는가? 거기서 흘러나오는 숭고한 선율을 들은 적이 있는가? 당신의 마음 깊은 곳에서 천둥치는 그 울림을 느낀 적이 있는가?

바로 그 순간을 포착해야 한다. 더 늦기 전에. 지금이 아니면, 언제란 말인가?

'지금'을 포착하는 능력은

새로운 시작의 총성이다.

'카르페 디엠'이라는 문구가

우리에게 던지는 물음은

이것이다.

지금 이 순간을 포착하라!
더 늦기 전에.
지금이 아니면,
언제란 말인가?

신발을 벗으십시오.

당신이 서 있는 곳이 거룩한 땅입니다.

「출애굽기」

# 도장

道場

매일 아침 내가 있어야 할 장소

어렸을 때, 태권도 도장(道場)에 2년간 다녔다. 나의 몸과 정신 수련을 위한 어머니의 바람에서였다. 도장에 다니려면 먼저 좋은 사범을 만나는 것이 중요하다. 차근차근 기본기부터 제대로 배울 수 있기 때문이다.

사범은 나에게 몇 가지 사항을 일러주었다. 그것은 태권도를 배우기 전에 반드시 지켜야 할 일종의 의무 같은 것이었다. 도복을 단정하게 갖춰 입고 일주일에 세 번, 즉 월요일, 수요일, 금요일 오후 5시 정각이 되면 도장 마루에 기본자세를 취한 채 기다리라는 요구였다.

태권도를 배우는 수련생들은 정해진 도복(道服)을 규정에 맞게 착용해야 한다. 허리 부분에 흰띠를 동여매고 사범이 등장할 때까지 조용히 기다린다.

도복은 일상의 옷이 아니다. 수련생은 집이나 학교에서 입었던 옷을 과감히 벗어야 한다. 도복으로 옷을 갈아입는 행위는 습관에 젖은 일상의 나를 버리고, 스스로 감동할 만한 더 나은 나를 찾기 위해 준비하는 마음가짐이다.

태권도 수련의 시작은 100퍼센트 출석을 하는 것이다. 개근은 도장에 가는 것을 삶의 가장 중요한 일과로 여겨야만 가능한 일이었다. 사범은 무엇보다도 지각하는 아이들을 엄하게 꾸짖었다. 수련생이 시간을 지킨다는 행위는 자신이 그 시간에 무엇을, 왜 하는지 알고 있다는 표시다.

수련에 소홀해질 즈음, 대부분의 아이들은 다급하게 도장에 가지 않아도 될 그럴 듯한 이유를 찾아낸다. 수련생들 가운데 열의 아홉은 노란띠에 이 유혹의 시기를 맞이한다.

그러나 그 시기를 무사히 넘기고 도장에 나가 꾸준히 수련한 아이들은 결국 검은띠를 딴다. 수련의 보답을 받는 것이다. 검은띠를 딴 아이들은 유유자적 침묵하며, 스스로 행복한 인간이 된다.


수련은 일상적으로 흘러가버리는 양적인 시간으로부터 나를 탈출시키는 연습이다. 빅뱅이 일어났다는 137억 년 전이나 이 글을 읽기 시작한 5분 전이나 현재의 시점에서 보면, 과거의 모든 길이는 순간일 뿐이다.

수련은

일상적으로

흘러가버리는

양적인 시간으로부터

탈출하는 연습이다.

빅뱅이 일어났다는

137억 년 전이나

이 글을 읽기 시작한

5분 전이나

현재의 시점에서 보면,

과거의 모든 길이는

순간일 뿐이다.

수련은 자연스럽게 흘러가는 물과 같은 시간을 강제로 멈추게 하는 행위다. 일주일에 세 번씩 수련 시간을 정확하게 지키는 행위는, 무의미하게 사라져버리는 시간을 안타까워하는 간절한 마음이며, 시간의 소중함을 포착해 질적으로 다른 순간으로 만들겠다는 의지다.

내가 다니던 태권도 도장은 상가 건물 지하에 있었다. 평범한 곳에 위치한 평범한 장소였지만 도장은 일상의 공간과는 구별된다. 도장이 어디에 위치해 있는지는 중요하지 않다. 단지 내가 그곳을 어떻게 대하느냐가 그 장소를 특별하게 만들며, 나의 정성이 그곳의 가치를 결정한다.

그곳은 나를 수련시켜 이전과 전혀 다른 새로운 나를 탄생시킬 거룩한 공간이다. 그곳은 목수이던 예수를 인류를 위한 구원자로 변화시킨 예루살렘의 겟세마네 동산이며, 붓다가 인생의 원칙을 깨달은 보리수 아래다. 또한 무함마드를 일개 상인에서 아라비아인의 정신적인 리더로 탈바꿈시킨 메카 외곽의 히라(Hira) 동굴이다.

도장은 보통사람을 위대한 인간으로 변화시키는 기적의 장소이며, 자신이 가장 잘할 수 있는 위대한 임무를 깨닫고 힘을 얻는 용광로다.

붓다가 깨달음을 얻은 장소에 있던 보리수를 '도장수(道場樹)'라고 부른다. 후에 불교가 중국에 전파되면서 도장이라는 단어가 수행의 장소를 의미하게 됐다.

도장수는 원래 산스크리트어의 '보디 만다라(bodhi maṇḍala)'를 한자로 번역한 표현이다. '보디'는 '오래전부터 존재했으나 알지 못했던 진리를 수련을 통해 새롭게 인식하는 깨달음'을 의미한다. 이 깨달음의 대상이 만다라(maṇḍala)다.

만다라는 우주의 중심이며 세상의 축이다. 만다라는 사방으로 펼쳐진 정사각형 안에 존재하는 한 점으로, 흔히 원형으로 표시한다. 그 점은 수련하는 사람이 지향해야 할 마땅하고 유일한 처음이다.


무슬림들은 일생에 꼭 한 번은 사우디아라비아에 있는 메카로 향한다. 이 여정을 아랍어로 '핫즈(hajj)'라고 부른다. 그

들에게 핫즈란 일상에서 벗어나 그것과 구별된 거룩한 경내
(境內)로 진입하는 용기다.

무슬림들은 메카로 들어가 '라마단(Ramadan)'이라는 종교
의례를 행한다. 라마단은 원래 이슬람 월력으로 1년 중 가
장 뜨거운 아홉 번째 달에 해당한다. 라마단이라는 단어
는 '뜨거운/(불로) 태운'이라는 뜻의 아랍어 형용사 '라미다
(ramida)'의 명사형이다.

매년 200만 명 정도의 무슬림들이 섭씨 45도를 웃도는 가
장 더운 날에 메카를 찾는다. 그들은 자신의 과거를 기꺼이
불로 태워 새로운 인간으로 태어나기를 간절히 기원한다.


어릴 적 태권도를 수련하기 위해 그랬던 것처럼, 나는 또다
시 마음속 저 깊은 곳에 숨겨진 위대한 나를 발견하기 위해
'오늘'이라는 도장에 섰다. 스스로 새로운 나를 발견하고,
스스로 행복해지기 위해 수련을 시작한다.

당신은 어떤 인간이 되기를 열망하는가? 당신은 지금 이 순
간 수련을 위해 자신의 삶이라는 도장에 서 있는가?

누군가 오늘 그늘에 앉아 있습니다.

그가 오래전에 나무를 심었기 때문입니다.

워런 버핏

# 좌정
坐定

두 발로 걷는 특권을 포기할 용기

올림픽 100미터 육상 경기에 참가한 선수들에게 가장 중요한 순간은 언제일까? 출발을 알리는 총성을 기다리는 침묵의 순간일 것이다.

선수는 먼저 몸에 힘을 빼고 양손을 최대한 출발선 가까이에 놓는다. 두 발은 받침대를 딛고 눈은 트랙을 응시한다. 앞발의 굽힌 각도는 95도, 뒷발의 굽힌 각도는 129도가 적당하다. 이 모습이 총성이 울릴 때 가장 빨리 치고나갈 수 있는 최적의 자세다.

하루는 100미터 달리기와 같다. 전략적인 하루를 위해 우리에게도 가장 효과적인 자세가 필요하다.


나는 '미래(未來)'라는 한자의 의미를 좋아하지 않는다. 나의 미래가 '아직 오지 않은 어떤 것'이라니! 미래는 지금 내가 만들어야 할 조각품이다.

미래를 뜻하는 영어 단어는 '퓨처(future)'다. 퓨처는 라틴어 '푸투룸(futurum)'에서 유래했다. 푸투룸은 라틴어 문법에서 '존재하다 / 되다'라는 동사 '에세(esse)'의 능동분사형이다.

즉 '(내가) 미래에 될 어떤 것'이라는 의미를 지닌다.

따라서 미래는 지금—여기에서 '내가 원하는 나 자신'이 되기 위해 부단히 수련할 때 만들어지는 예술이다. 또한 지금 이 순간에 몰입해 최선을 다할 때 자연스레 다가오는 신의 선물이다.

오늘이라는 순간을 영원으로 만들기 위한 의례가 있다. 바로 '좌정(坐定)'이다. 좌정은 자신이 정한 장소에 가부좌를 틀고 앉아 가만히 눈을 감는 행위다. 좌정은 나를 매일 조금씩 변화시켜 내가 가고자 하는 목적지로 나를 인도한다.

유대인들은 이 순간을 포착하기 위해 일주일에 하루를 구별해 특별한 일을 한다. 인생의 7분의 1을 이것을 위해 온전히 바치는 것이다. 그들은 그것을 '사바스(sabbath, שבת)'라고 한다.

사바스를 '안식일(安息日)'로 번역하는데, 그 원래의 의미를 제대로 전달하기에는 부족하다. 사바스는 '자신이 습관적으로 하던 일을 강제로 그만두다'라는 뜻이다.

미래는

지금 이 순간에 몰입해 최선을 다할 때

자연스레 나에게 다가오는

신의 선물이다.

미래는
내가 원하는 나 자신이 되기 위해
부단히 수련할 때 만들어지는
예술이다.

인간은 항상 움직이며 늘 무언가를 하려고 한다. 오히려 아무것도 하지 않기가 훨씬 어렵다. 그들은 아무것도 하지 않는 이 무위(無爲)를 역설적으로 '거룩'이라고 했다. 노자는 『도덕경』 2장에서 다음과 같이 말한다.

是以聖人處無爲之事 行不言之教
시이성인처무위지사 행불언지교
성인은 무위를 행함으로써 말없이 가르친다.

성인이란 인위적으로 무엇을 지향하는 사람이 아니다. 자신이 원하는 위대한 그것과 스스로를 혼연일체해 무위를 자연스레 드러냄으로써 가르침을 주는 사람이다. '아무것도 하지 않으려는 필사적인 수련과 그 안에서 자신의 참 모습을 발견하려는 수련'이 곧 사바스이며 무위다.

유대인은 '거룩'을 고대 히브리어로 '코데쉬(qodesh, קדש)'라고 불렀다. 이 단어에는 '구별(區別)'이라는 의미가 담겨 있다. 거룩한 삶이란 기성 종교와 전통이 정해놓은 종교 시설이나 명소에 가서 신들의 이름을 부르는 행위가 아니다. 자신의 일상으로부터 구별해놓은 시간을 엄수하며 사는 것이 바로 거룩이다.

유대인에게는 '마콤(maqom, מקום)'이라는 특별한 히브리어가 있다. 마콤은 신과 만날 수 있는 천국을 뜻하는데, 이 단어는 '내가 서 있는 이곳'이라는 의미도 지닌다. 그들은 자신의 일상이 곧 천국이 될 수 있다고 여긴 것이다.

그러기 위해서는 일상적인 시공간을 나만의 구별된 것으로 구축하려는 노력이 필요하다. 이것이 바로 수련의 첫 단계다. 구별된 장소에서 내가 할 일은 무엇인가? '가만히 앉아 있기', 즉 좌정이다.

좌정의 '앉을 좌(坐)'는 나 자신이 마땅히 존재해야 할 그 땅[土]에서, 나 자신을 제3자의 인간[人]으로 대면하는 일이다. 내가 생활하는 일상이라는 땅에서 위대한 자신의 싹이 나오기 때문이다. 앉는 행위는 나 자신을 가장 취약한 상태로 몰아넣고 원래의 자신을 찾으려는 준비다.

400만 년 전까지 인류 조상들은 동아프리카 밀림 지대의 나무 위에서 살았다. 이후 기후가 변하자 그들은 먹을 것을 찾아 나무에서 내려와 땅속의 근채류를 캐먹기 시작했다. 당시 인류 조상은 신체적으로 매우 취약해 맹수들의 먹잇감이 되기 십상이었다.

그들은 생존을 위해 네 다리가 아닌 두 다리로 걷고 일어서는 이족보행을 시작했다. 몸을 곧추 세우자 시선이 높아져 맹수들이 다가오는 것을 쉽게 알아차릴 수 있게 됐다.

인류는 두 눈으로 저 멀리 다가오는 맹수를 관찰하거나 하늘의 별들을 보면서 미래를 준비하기 시작했다. 두 발로 서서 걷는다는 것은 인간만의 특징이며 특권이 되었다.


그러나 좌정은 직립이라는 인간만의 특권을 포기하라는 명령이다. 좌정이라는 행위에는 자유로운 두 다리를 묶어 온전히 자신에게 집중하라는 수련의 의미가 담겨 있다.

좌정은 또한 두 눈을 감는 행위를 수반한다. 눈을 감는다는 것은 외부의 어떤 자극에도 꿈쩍하지 않기 위한 훈련이다.

수련의—첫—단계는
일상적인—시공간을
나만의 구별된 것으로
구축하는—노력이다.

좌정의 '정할 정(定)'은 앉아서 해야 하는 임무를 알려준다. 이 한자를 보면 위에 특별한 장소를 표시하는 '갓머리(宀)'가 있고, 그 밑에 '바를 정(正)'이 있다. 정은 우주의 원칙이며 나 자신의 고유한 임무를 위한 최선이다. 나에게 유일한 그 한 가지[一] 임무를 찾기 위해 모든 것을 강제로 그만두는[止] 연습이다.

좌정하고 눈을 감으면 자신의 본 모습이 등장한다. 좌정을 통해 자신이 열망하는 세계를 떠올리는 행위를 상상(想像)이라고 한다. 과학자 아인슈타인은 이 좌정과 상상 훈련을 사고실험(思考實驗)이라고 불렀다. 그는 자신의 마음속 깊은 곳에서 춤추고 있는 별들의 움직임을 감지했다.

인류는 오래전 좌정이 창의성과 상상력을 획득하기 위한 최선의 길이라는 사실을 깨달았다. 고대 인도에서는 좌정하는 수련을 산스크리트어로 '요가(yoga, योग)'라고 불렀다.

요가가 등장한 것은 인도 힌두교의 가장 오래된 경전인 『리그베다』에서다. 기원전 12세기 아리아인은 철기와 기마 문화를 인도로 들여왔다. 여느 말을 훈련시켜 준마로 만드는 훈련이 바로 요가였다.

요가는 곧 자기 마음대로 움직이려는 야생마를 전쟁에 투입할 정도의 준마로 훈련시키기 위한 도구인 '멍에' 혹은 '고삐'를 의미한다.

많은 사람들이 요가를 신체 건강을 위한 운동 정도로만 알고 있지만 사실 요가는 습관적으로 말하고 행동하려는 자신을 절제함으로써 자신의 최선을 발견하고 연마하는 훈련이다.

좌정은 하루를 가치 있게 보내기 위한 고삐다. 좌정을 통해 내가 가고자 하는 목적지를 찾고, 나 자신을 깊이 들여다봄으로써 불필요한 말과 행동을 제어한다. 좌정을 지속적으로 실행해 좋은 습관이 되면, 이전에는 보이지 않던 불필요한 것들이 선명하게 드러난다.

신은 우리에게 매일 하루라는 시간을 선물한다. 당신은 위대한 자신을 만들기 위해 그 하루 위에 좌정하고 있는가? 당신은 그 하루의 고삐를 부여잡고 어디로 향하고 있는가?

기쁨이 있는 마음속 깊은 장소를 찾으십시오.

그 기쁨이 모든 고통을 불태울 것입니다.

조지프 캠벨, 신화학자

# 방석
## 方席

잠을 깨워 새벽을 맞이하는 거룩한 공간

매일 아침 눈을 뜨면 '나'라는 존재가 살아 있음을 인식하며 하루를 시작한다. 누군가 나를 깨운 것일까. 아니면 자연스러운 현상일까.

아침이 되어 거뜬히 일어날 수 있는 이유는 간밤에 취한 수면 덕분이다. 밤은 아침의 어머니이며, 아침은 밤이 선물해 준 소중한 시간이다.


기원전 6세기, 한 무명의 유대 시인은 「창세기」1장에 밤의 중요성에 대해 기록했다. 그(녀)는 기원전 586년 바빌로니아 왕 네부카드네자르(Nebuchadnezzar) 2세가 예루살렘을 함락한 뒤 바빌론으로 잡혀온 포로 중 한 명이었다.

이 시인은 바빌론 한복판에 세워진 바벨탑의 웅장함에 놀랐고, 유프라테스 강 너머의 광활한 초원과 끝없이 펼쳐진 사막의 신비감에 도취되었으며, 밤하늘을 가득히 수놓은 별을 보며 감탄했다.

시인은 시절에 따라 시시각각 변화하는 천체를 보고 우주 탄생의 순간을 상상했다. 그리고 그것들을 시로 남겼다. 그

시는 빅뱅의 순간을 이렇게 표현했다. "맨 처음에 신이 우주를 창조했다."

당시 바빌로니아 과학자들은 1년을 365일, 그리고 12개월로 구분했다. 그리고 1개월은 4주로, 1주를 7일로 나누었다. 무명의 유대 시인은 천체와 자연의 변화무쌍함과 영원한 순환을 관찰하며, 신이 우주를 7일 만에 창조했다고 고백했다.

이 기록은 인간이 우주의 탄생에 관심을 가질 만큼 성숙해졌다는 증거다. 신은 7일 동안 매일 다른 것을 창조했다. 그에게 하루는 어제와 구별된 '처음이자 마지막'이기 때문이다.

이 시에서 가장 많이 등장하는 단어는 '아침'과 '밤'이다. 무명의 유대 시인은 매일매일 창조 행위를 나열한 뒤 항상 다음과 같이 정형화된 문구를 사용했다. "저녁이 됐다. 그리고 아침이 됐다. 첫째 날."

일반적으로 아침이 먼저 등장하고 그다음 저녁이 나오는데, 그는 문구의 순서를 바꿨다. 저녁은 다음 날 아침을 탄생시키기 위한 필요충분조건이다. 저녁은 잠을 통해 새로운 아침을 맞이하겠다는 쉼과 다짐의 시간이다.

아침에 눈을 뜨자마자 나는 한 장소로 향한다. 그곳은 나의 정신 수련의 장인 공부방의 '한가운데'다. 나는 한가운데를 표시하기 위해 그곳에 흰색의 방석을 놓아두었다. 이렇게 방석을 놓아두는 것은 그 공간이 특별하다는 표시다.

무함마드에게 하늘 끝까지 올라갈 때 탔던 부라크(Buraq)라는 날개 달린 말이 있었고, 선지자 엘리야에게는 하늘로 올라갈 때 탔던 메르카바(Merkabah)라는 전차가 있었다면, 나에게는 이 하얀 방석이 있다.

이 방석은 매일 아침 그날의 임무를 찾기 위해 묵상하는 천상의 카펫이다. 무슬림들은 하루에 다섯 번씩 메카를 향해 기도한다. 그들은 어디에 있든 정해진 시간에, 심지어 비행기 안에서도 메카를 향해 무릎 꿇고 앉아 이마를 땅에 댄다. 그리고 눈을 감고 자신이 해야 할 임무를 상기한다.

무슬림의 카펫이나 나의 방석은 일상의 공간을 거룩한 공간으로 만드는 하나의 '단'이다. 한자 '단(壇)'을 보면 앞에 '흙 토(土)' 변이 붙어 있다. 단은 내가 있는 바로 '이곳'이다.

단은 내가 많은 시간을 보내는 장소, 즉 집이나 침대, 책상, 직장 그리고 지하철이나 버스 혹은 자동차다. 이곳이 바로 나를 변화시키는 공간이다.

단은 또한 밤을 보내고 아침 해가 돋을 무렵[旦] 나를 훈련 시키는 공간이다. 이곳은 특정한 공간으로, 깊은 곳에 숨겨 진 나의 열망을 찾기 위해 다시 돌아오는[回] 곳이다.

고대 수메르어에 '다른 장소로부터 구별되고 잘라진 장소' 라는 뜻의 '테멘(TEMEN)'이라는 단어가 있다. 테멘(𒋼)이 라는 수메르어는 그림문자에서 시작됐다. 이 문자를 해석하 기 위해서는 문자를 우측으로 90도 돌려야 한다. 그러면 글 자의 의미가 나타난다.

글자 밑에 있는 선은 땅을 의미하기도 하고, 특별한 지역을 의미하기도 한다. 선 위에는 우주와 사방을 나타내는 네모 가 그려져 있고, 네모 중간에는 선 하나가 가로로 그어져 있다. 이 선은 사방의 중심이자 우주의 배꼽을 의미한다.

네부카드네자르 2세는 바빌론에 91미터나 되는 웅장한 제단을 만들었다. 이곳은 다른 곳과 구별된 장소다. 이 제단은 꼭대기가 구름을 뚫고 하늘에 닿을 만큼 높았다. 오늘날 초고층 건물들을 의미하는 단어 '스카이스크레이퍼(skyscraper)'의 기원이다.

네부카드네자르 2세는 이 제단을 '에테멘안키(É-TEMEN-AN-KI, 𒂍𒋼𒀭𒆠)'라고 불렀다. 에테멘안키는 수메르어로 '하늘과 땅이 만나 하나가 되는 단이 있는 장소'라는 의미다.

제단을 의미하는 테멘이라는 단어와 개념은 지중해 전역으로 퍼져나갔다. 테멘은 고대 그리스로 넘어가 '왕이나 사제를 위해 다른 땅과 구별되어 잘라진 땅' 혹은 '신을 위해 구별된 신전/거룩한 숲이나 경내'를 의미하게 된다.

그리스 아테네에 위치한 아크로폴리스는 '히에론(hieron) 테메노스', 즉 '거룩한 테메노스'라고 불렸다. 테메노스

(temenos, τέμενος)는 신탁을 받는 델피 신전의 제단이다. 소크라테스는 테메노스에서 받은 신탁을 통해 자신이 누구인가에 대해 깊이 생각하는 수련을 시작했다. 이로써 서양 철학이 시작됐다.

내가 좌정한 이 방석은 바빌론의 에테멘안키보다 거룩하고, 델피 신전의 테메노스보다 신비롭다. 나의 방석은 곧 나의 천단이다. 갈 수 없고, 볼 수 없는 저 높은 하늘 위에 있는 장소가 아니라 내가 하루하루 살고 있는 바로 이곳이다.

나는 이 단에 좌정해 나를 바라보며 내가 가고자 하는 위대한 여정 위에 있는지 점검한다. 당신은 그런 방석을 가지고 있는가? 잠을 깨워 새벽을 맞이하게 할 당신의 단은 무엇인가?

내가 지금 좌정(坐定)한 이 방석은
다른 장소와는 구별된
## 나만의 단(壇)이다.

잠을 깨워

새벽을 맞이하게 할

당신의 단은

무엇인가?

자기 확신이 곧 믿음이 됩니다.

믿음이 심오한 신념이 되면 역사가 일어납니다.

무하마드 알리, 권투 선수

# 신념

## 信念

●

명사로 살 것인가, 전치사로 살 것인가

우리가 어려서부터 많이 들어온 질문 중 하나는 아마도 "너 커서 뭐가 될래?"일 것이다. 지금 생각해보면 이 질문은 대답이 불가능하다. 심지어 무례하기까지 하다.

우리는 우리의 의지와 상관없이 다른 동물이 아닌 인간으로 태어났다. 그리고 각자 특정한 환경과 문화를 지닌 가정에 던져졌다.

왜 그렇게 태어나야 했는지 우리로서는 그 이유를 알 길이 없다. 만일 내가 아마존 정글의 원주민이나 중동 국가의 무슬림으로 태어났다면 나는 그 환경만의 특정한 세계관과 인생관을 가졌을 것이다.

우리는 어쩔 수 없이 각자에게 주어진 환경을 수용할 수밖에 없다. 하지만 자신의 위치를 심오하게 돌아보고 자신의 미래를 능동적으로 선택하지 않는 한 우리는 환경의 노예로 전락한다. 그리고 그런 환경에 안주하는 것이 편하고 익숙하기 때문에 우리의 미래는 예측할 수 없는 진부한 상태로 결정된다.

인생의 어느 시점에 이르면 다른 누군가의 가르침에서 벗어나 스스로 자기 삶의 스승이 되고 싶은 욕망이 생겨난다. '무엇'을 추구하느냐가 아니라 그 무엇을 '어떻게' 그리고 '왜' 하는지가 더 중요해지는 시점이 온다. 그 무엇을 빛나게 하는 것은 무엇 자체가 아니라 무엇을 대하는 나의 태도다.

어떤 사람의 꿈이 한 국가의 대통령이라면, 그에게 중요한 것은 대통령이 되려는 이유다. 무엇이라는 명사보다 중요한 것은 그 무엇을 꾸미는 전치사다.

영어 표현에서는 그 구분이 확실하다. 무엇에 해당하는 'what'을 위대하게 만드는 것은 그 앞에 붙는 전치사, 예를 들어 'for'나 'by' 같은 것들이다.

명사는 모든 사람들이 인식하고 공유하는 것이지만 한 개인의 카리스마는 그 사람만이 갖고 있는 전치사에 달려 있다. 명사와 전치사가 하나가 되면 비로소 '왜'와 '어떻게'가 등장한다.

그 무엇을
빛나게 하는 것은
무엇 자체가 아니라
무엇을 대하는
나의 태도다.

며칠 전 들른 커피숍에서 한 권의 책이 눈에 들어왔다. 나는 항상 커피를 종이컵에 받아들고 바로 그 장소를 떠나는데, 그날만은 예외였다. 나는 시선을 잡아끈 그 책을 들고 테이블에 앉았다. 역대 퓰리처상 수상 사진들이 담긴 책이었다. 나는 많은 사진들 가운데 유독 한 사진에 시선을 빼앗겼다. 2008년 미국 대선에 출마할 당시 일리노이 주 민주당 상원 의원이었던 버락 오바마의 사진이었다. 유세 현장에서 막 유세를 시작하려는 모습인 듯했다.

온몸으로 비를 맞으며 마이크 앞에 홀로 선 그의 시선은 무언가에 홀리기라도 한 듯 고정되어 있었다. 그가 입은 평범한 검은색 점퍼는 원대한 꿈으로 적진을 탈환하려는 야전 사령관의 군복처럼 보였다.

그는 자신의 진실을 전달하기 위해 온전히 자기 자신에게 몰입되어 있었다. 오바마의 시선이 멈춘 곳은 자신을 취재하려는 기자들이나 연설을 들으려는 유권자들이 아니다. 그가 보고 있는 것은 자신이 열망하는 위대한 미국이었다. 자신이 바라보는 그 대담하고 위대한 길로 미국인들을 인도하려는 생각으로 그의 가슴은 벅찼을 것이다.

작가는 이 결정적인 순간을 카메라에 담았다. 마치 빅뱅으로 우주가 만들어지기 전, 아무 것도 들리지 않고 아무것도 보이지 않는 듯한 그 찰나의 순간, 오바마의 과거가 주마등처럼 흘러가고 그의 미래가 선명하게 제시되며 현재가 찬란하게 빛났다.


오바마는 아프리카 케냐 출신인 자신의 아버지를 본 적이 없다. 그는 미혼모인 어머니와 외조부의 손에서 자랐다. 낯선 미국 땅에서 그는 대통령이라는 꿈을 이루기 위한 긴 여정을 시작했다. 미국은 여전히 인종차별이 곳곳에서 힘을 발휘하고 있었다. 그는 불가능에 도전했고, 그 불가능을 가능으로 바꾸었다.

무엇이 그를 대선에 출마하도록 만들었을까. 나는 보고 있던 사진에서 비밀을 찾아냈다. 그것은 오바마의 '신념(信念)'이었다.

이 사진으로 2009년 퓰리처상을 받은 데이먼 윈터(Damon Winter)는 오바마라는 인물에 집중한 것이 아니다. 그는 오바마가 추구하는 이상, 즉 그의 신념을 포착했다.

유물론을 신봉하는 현대인들은 눈으로 볼 수도 없고 손으로 만질 수도 없는 신념과 같은 가치를 무시하곤 한다. 신념은 서툰 자기결심이나 아집이 아니다. 더욱이 나와 상관없는 타인이 만든 교리나 규범을 무비판적으로 동의하고 믿는 것도 아니다. 신념은 깊은 묵상과 수련을 통해 서서히 만들어진다.


인간은 자신이 한 말을 완수할 때 비로소 완전해진다. 자신이 한 말을 반드시 지키기 위해서는 침묵을 수련해야 한다. 그리고 자신이 운명적으로 수행해야 할 임무를 깨달았을 때 그것을 거침없이 말해야 한다.

그러므로 자신이 해야 할 임무를 내일로 미루거나 소홀히 다루어서는 안 된다. 내뱉은 말은 미래에 이루어질 희망이 아니라 바로 지금 이 순간에 이루어지는 것이기 때문이다.

신념을 가진 사람은 지금 이 순간에 몰입한다. 자신의 원대한 꿈을 지금 이 순간에 집중시킨다.

오바마는 남들이 보기에 하찮기만 한 자신의 배경을 자기믿음을 통해 최고의 자산으로 변화시켰다. 케냐 출신, 미혼모의 자식, 흑인, 정치 초년병 등의 꼬리표는 이상을 향해 나아가는 그의 여정에 아무런 걸림돌이 되지 않았다. 그것들은 오히려 그 스스로의 위대함을 발견하는 굳건한 발판이 됐다.


신념에 해당하는 영어 '빌리프(belief)'는 종종 '믿음'으로 번역된다. 빌리프는 '비(be)'라는 강세 접두어와 '소중하게 여기다 / 삶의 우선순위에서 최우선으로 두다 / 사랑하다'라는 의미의 독일어 '리베(Liebe)'에서 온 '리프(lief)'의 합성어다.

빌리프는 특정 종교의 교리를 믿거나 이데올로기에 동의하는 행위가 아니다. 빌리프는 자신의 삶을 심오하게 바라보고, 자신을 위한 감동적이며 창의적인 임무를 깨닫고, 그것을 완수하는 것을 최우선순위에 두고 매진하는 삶이다.

커피가 식도록 오바마의 사진을 들여다보면서 문득 이런 생각이 들었다. 나는 나를 위한 신념을 구축하고 있는가? 나에게 유일하며 원대한 꿈은 무엇인가? 그 꿈에 나는 몰입하고 있는가? 그 몰입은 과연 나의 말과 행동으로 표현되고 있는가? 당신도 잠시 책을 덮고 스스로에게 질문해보라.

무대는 명사가 아니라 동사입니다.

장소가 아니라 행동입니다.

마사 그레이엄, 무용가

# 배역
## 配役

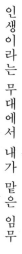

인생이라는 무대에서 내가 맡은 임무

인생은 연습이 존재하지 않는 단막극이다. 인간은 누구나 단 한 번의 리허설도 없이 인생이라는 무대에 오른다. 모든 것이 처음이다. 정해진 대본도 없다.

무대에 선 우리는 스스로 이야기를 만들어야 하고, 조명을 조절하고, 극의 흐름에 따라 적절하게 의상도 갈아입어야 한다. 대사와 몸짓 모두 상황에 맞춰 즉흥적인 동시에 전략적으로 해내야 한다.

그러나 더 중요한 것은 처음이자 마지막인 이 무대에서 반드시 알아야 할 정보다. 이 정보가 없다면 인생은 순식간에 웃음거리로 전락한다. 그 정보는 바로 나 자신에게 맡겨진 유일무이한 배역(配役)이 무엇인가 하는 것이다.


배역이란 자신에게 주어진 역사와 환경을 응시해 자신에게 가장 어울리는 최적의 임무다. 자신의 배역을 알고 그것을 아름답고 완벽하게 실천하는 것이 인간의 운명이며, 그 임무를 발견하는 것이 곧 깨달음이다.

인생은 연습이 존재하지 않는 단막극이다. 인간은 누구나 단 한 번의 리허설도 없이 인생이 라는 무대에 오른다.

모든 것이 처음이다. 정해진 대본도 없다.

초등학교 시절, 성탄절 연극에 참여한 적이 있다. 나는 내심 예수의 아버지 요셉이나 동방박사 역할을 기대했다. 그러나 실망스럽게도 나에게 맡겨진 배역은 마리아를 태우고 베들레헴으로 가는 당나귀였다.

나는 다른 한 친구와 함께 당나귀 모형의 가죽을 뒤집어썼다. 나는 머리와 앞발 역할이었고, 친구는 뒷다리 역할이었다. 당나귀가 된 우리가 해야 할 최선의 연기는 임신한 마리아를 등에 태우고 최대한 흔들리지 않는 것이었다. 그러나 마리아를 등에 태우고 있자니 의지와 달리 몸이 부들부들 떨렸다.

그때, 당나귀의 앞부분을 맡은 내가 요셉 흉내를 내며 벌떡 일어나버렸다면 연극은 어떻게 되었을까? 나에게 맡겨진 배역이 무엇인지를 깨닫는 것은 그 역을 맡은 사람에게 매우 중요한 일이다.


배역의 중요성에 관한 유명한 이야기가 있다. 최고의 권력과 부를 누린 고대 이스라엘의 솔로몬 왕은 베나이아 벤 에

호야다(Benaiah Ben Yehoyada)를 자신의 최측근으로 임명했다. 솔로몬은 자신의 모든 것을 그에게 의지했다.

왕의 총애를 받고 있다고 여긴 베나이아는 점점 우쭐해하며 오만해졌다. 솔로몬이 자신을 가장 신뢰할 뿐만 아니라 자신이 없으면 이스라엘은 무너질 것이라고 여기저기 말하고 다닐 정도였다. 그는 자신의 명예나 권력이 영원할 것이라 생각했다.

지혜의 왕 솔로몬은 오만에 빠진 베나이아를 깨우치게 하기 위해 그에게 특별한 심부름을 시키기로 마음먹었다. 유대교 최대 명절인 유월절 잔치에 대신들과 함께한 솔로몬이 베나이아에게 말했다.

부탁이 하나 있다. 왕인 내가 가지고 있지 않은 것이 딱 하나 있다. 이 세상에 그 어느 것과도 비교할 수 없는 마술 반지가 있다고 들었다. 그 반지는 슬픈 사람을 기쁘게 하고, 기쁜 사람을 슬프게 하는 반지다. 6개월의 시간을 줄 테니 구해오너라.

솔로몬은 그런 반지가 어디에도 없다는 것을 알고 있었지만, 자신감에 찬 베나이아는 꼭 찾아오겠다고 말했다. 베나이아는 6개월 동안 이곳저곳 반지를 찾아 헤맸다. 하지만 세공장이나 보석상들은 그런 반지는 본 적도 들은 적도 없다며 손사래를 쳤다.

솔로몬이 정해준 기한 하루 전날, 베나이아는 빈 손으로 돌아갈 생각에 실의에 빠진 채 어느 시장을 지나고 있었다. 그때 우연히 카펫 위에 반지를 진열하고 있는 노인을 발견했다.

그는 혹시나 하는 마음에 솔로몬이 말한 반지가 있는지 물었다. 수십 년 동안 배를 타며 산전수전 다 겪은 노인은 베나이아의 얼굴에서 오만을 보았다.

노인은 아주 평범한 반지 하나를 찾아 무언가를 새겨 넣고는 그에게 건넸다. 반지에 새겨진 글귀를 본 베나이아의 얼굴이 순간 굳어졌다. 그 문구는 오만한 그 자신과 솔로몬을 위한 경구였다.

베나이아가 예루살렘 궁궐에 도착하자 솔로몬은 대신들이 모두 모인 자리에 그를 불러 반지를 가지고 왔는지 물었다. 공개적으로 망신을 줄 생각이었다. 이 광경을 지켜보는 대신들도 베나이아를 비웃었다.

하지만 베나이아는 반지를 자랑스럽게 꺼내 솔로몬에게 바쳤다. 반지에 새겨진 문구를 본 솔로몬은 당혹감을 감출 수 없었다.

반지에는 히브리어 알파벳 ג(g), ז(z), י(y)가 새겨져 있었다. 이 세 글자가 의미하는 것은 히브리어 문장 '감 쩨 야아보르(gam zeh ya'avor, גם זה יעבור)'의 첫 글자로 '이 또한 지나가리라!'라는 뜻이다.

그 순간 솔로몬은 자신이 가진 모든 권력, 재산 그리고 지혜까지도 덧없는 인생의 한 부분이며, 언젠가는 흙으로 사라지리라는 사실을 깨달았다.


'이 또한 지나가리라!'라는 이 표현은 교황 대관식에도 사용됐다. 1409년, 알렉산더 5세가 교황으로 취임할 때 시작된 특별한 의례가 있다.

새로 선출된 교황은 성 베드로 성당의 성물 안치소에서 '세디아 게스타토리아(Sedia Gestatoria)'라는 특수한 가마를 타고 교황 즉위식을 위해 행진한다. 그 행렬은 곧바로 즉위 장소로 가지 않고 세 번 멈추어 특별한 통과 의식을 거행한다. 이 행렬이 멈출 때마다 행렬 주관자는 새로 선출된 교황 앞에 무릎을 꿇는다. 행렬 주관자의 손에는 불타는 아마 천을 매단 동으로 된 지팡이가 들려 있다. 그는 교황에게 다음과 같이 말한다.

Sancte Pater, sic transit gloria mundi!
오, 거룩한 베드로여,
세상의 영광은 어찌 이리 빨리 사라지는가!

교황은 이 구절을 세 번 들으면서 생각에 잠긴다. 지팡이 위에 매달려 불타고 있는 아마 천은 연기처럼 금세 사라질 것이다. 자신에게 주어진 교황이라는 막강한 권력도 이처럼 순환에 따라 시간과 공간 속에서 덧없는 것일 뿐이라는 사실을 상기하는 것이다.

이 지팡이를 받은 후 교황은 비로소 교황으로서의 역할을 수행하게 된다. 이 지팡이의 이름이 바로 '식 트란시트 글로리아 문디!', 즉 '세상의 영광은 어찌 이리 빨리 사라지는가!'다.

인생이라는 무대에서 당신에게 주어진 배역은 무엇인가? 그 배역이 당신의 소명이라고 생각하는가? 당신은 그 배역을 완성하기 위해 최선을 다해 경주하고 있는가? 당신의 연기는 당신과 주변 사람들에게 감동적인가?

인생이라는 무대에서
당신에게 주어진 배역은
무엇인가?


그 배역이

당신의 소명이라고 생각하는가?

당신은 그 배역을 완성하기 위해

최선을 다해 경주하고 있는가?

당신의 연기는
당신과
주변 사람들에게
감동적인가?

우리가 묵상의 땅에 심은 것은

행동으로 수확해야 합니다.

마이스터 에크하르트, 중세 신학자

# 기도
## 祈禱

날카로운 도끼를 자기 앞에 겨누는 훈련

이른 아침, 방석 위에 좌정하고 눈을 감는 행위는 인간만의 오랜 진화의 결과다. 그래서 자연스럽다.

현생인류의 조상인 호모 사피엔스는 30만 년 전부터 북아프리카와 지금의 에티오피아, 케냐 그리고 탄자니아에 이르는 동아프리카 지역에 처음으로 등장했다.

오늘날 호모 사피엔스가 양복을 입고 지하철을 탄다 해도 그들을 30만 년 전에 생존했던 호모 사피엔스라고 생각하는 사람은 아무도 없을 것이다. 그만큼 우리와 호모 사피엔스는 외형적으로 비슷하다.

호모 사피엔스는 지금의 중동 지역을 통해 지속적으로 유럽으로 이주해 정착했다. 당시 유럽 지역은 신체적으로 훨씬 월등한 조건을 가진 네안데르탈인이 이미 오래전부터 자리 잡고 있었다.

4만 년 전 지구는 혹독한 마지막 빙하기를 겪고 있었다. 호모 사피엔스는 매머드나 야생 들소를 잡기 위해 무기를 만들고 동료들과 협동해 사냥을 했다. 동시에 네안데르탈인과 생존을 위한 처절한 전쟁도 치렀다. 3만 년 전, 네안데르탈인은 감쪽같이 자취를 감췄다. 이후 현생인류는 지구를 다스리는 최강자가 됐다.

신체적으로 월등한 네안데르탈인이 사라지고 호모 사피엔스만이 살아남은 이유는 무엇일까. 네안데르탈인이 멸종한 직접적인 이유는 알 수 없지만 간접적인 이유는 유추해볼 수 있다. 네안데르탈인은 하지 않고 호모 사피엔스만이 했던 중요한 행위가 있다.

호모 사피엔스의 일부는 생존과 상관없어 보이는 이상한 행위를 시작했다. 그러나 지금 돌이켜보면 그것은 생존을 위한 가장 혁신적인 행동이었다.

인류는 처음으로 생존을 위해 다른 동물이나 다른 유인원들과 경쟁하지 않고 자기 자신을 정복하기 위해 지하 깊은 곳으로 내려갔다.

그들은 거대한 산맥 가운데서 바람이 새어나오는 조그만 동굴 입구를 발견했다. 머리 하나 들어갈 정도의 조그만 동굴이었다. 그들이 그곳으로 내려온 이유는 그 안에 숨어 있는 동물을 찾기 위해서가 아니었다.

그들은 한 손에 횃불을 들고, 다른 한 손에는 색을 내는 진 흙을 들고 있었다. 그들은 동굴에 그림을 그리기 위해 동굴 깊숙이 들어갔다. 세상의 소리가 들리지 않는 가장 깊숙한 공간. 들고 간 횃불이 없다면 그곳은 칠흑과 같은 장소다.

그들은 그림을 그리기 전 눈을 감았다. 눈을 감으면 비로소 들리는 소리가 있다. 그것은 자신의 심장 소리다. 그 순간 인류는 '호모 사피엔스'에서 '호모 사피엔스 사피엔스'로 다시 태어났다. 3만 2000년 전의 일이다.


호모 사피엔스 사피엔스는 호모 사피엔스와 동일한 유전자 를 지닌 인종 같지만 실제로는 전혀 다른 인종이다. 정신적 인 유전자가 각기 다르기 때문이다.

호모 사피엔스가 생존을 위해 동물과 경쟁하고 동료 인간들 과 싸웠다면, 호모 사피엔스 사피엔스는 깊은 동굴로 내려 가 위대한 자신을 발견하고 만들기 위해 자기라는 과거의 괴물과 싸웠다.

그들은 더 많은 동물을 잡게 해달라고 그림을 그린 것이 아니다. 그들은 동물과 자신들이 하나로 연결되어 있다는 사실을 아름다운 그림으로 표현했다. 자신들만의 이야기를 예술로 승화시킨 것이다.

오늘날 대부분의 인류는 호모 사피엔스로 남아 있다. 자신의 삶의 의미와 쾌락을 경쟁을 통해 성취할 수 있다고 신봉하는 자들이다. 그들은 찰스 다윈이 요약한 대로 "손톱과 발톱이 피로 물든" 본성을 지녔고, 약육강식과 적자생존만이 삶의 존재 이유라고 찬양한다. 자신이 편견에 사로잡힌 인간이라는 사실을 깨닫지 못하고, 경쟁에서 이기는 것을 삶의 최우선으로 삼는다.

그러나 오늘날 호모 사피엔스 사피엔스의 정신적 유전자를 지닌 자들은 자신을 심오하게 관찰한다. 이들은 자신을 혁신하는 데 관심이 깊으며, 항상 자신만의 임무를 찾고, 그것을 거침없이 노래하는 자들이다.

그들은 우주를 구성하는 두 가지 규격인 시간과 공간을 자신만의 방식으로 재단(裁斷)한다. 그들은 남들이 만들어놓은 시공간으로 들어가 아옹다옹 경쟁하지 않는다. 정해진 시간과 공간으로 출근하는 삶을 산다 해도 그들에게 하루는 자신이 향하는 삶의 여정의 한 과정일 뿐이다.

그들에게는 자신만의 '일과(日課)'가 존재한다. 그 임무가 주변 사람들에게 사소하게 보일지라도 그들은 그 임무를 우주에서 가장 중요한 사건으로 여긴다. 종종 자신의 삶을 억압하는 것처럼 보이는 일과는 시간이 지나면 나를 변화시키는 스승이 된다.


이른 아침 눈을 감고 방석 위에 앉아 있는 일과가 곧 나의 스승이며 나의 종교다. 기도는 자신을 위한 최선을 찾는 행위다. 기도는 습관적으로 해오던 생각과 말, 행동을 하지 않겠다는 다짐에서 출발한다.

고대 인도의 수행인 요가에서도 '안 하기'를 강조한다. 기원후 4세기경(추정) 성인 파탄잘리(Patanjali)는 『요가수트라』라는 경전을 편찬했다. 요가를 수련하는 자는 수련에 앞서 반드시 행할 것이 있다. 그것은 역설적이게도 '행하지 말아야 할 것들'이다. 이것들을 산스크리트어로 '야마(yama)', 즉 '금지'라고 한다.

산스크리트어 야마는 원래 전차 경주자가 제멋대로 움직이는 말을 '제어하는 행위'를 뜻한다. 후대에는 도덕적인 의미의 '자기조절/인내'라는 뜻이 더해졌다. 야마는 개인이 도달하고자 하는 열망을 좌절시키는 생각과 말 그리고 행동을 자제하려는 노력을 의미한다.

파탄잘리는 다섯 가지 금지 조항을 열거했다. 첫째는 다른 생물에게 해를 가하는 행위에 대한 금지인 아힘사(ahiṃsā, 비폭력), 둘째는 거짓된 말과 행동을 하지 않는 사트야(satya, 진실), 셋째는 남의 소유를 훔치지 않는 아스테야(asteya, 훔치지 않기), 넷째는 성적인 욕망을 분출하지 않고 스스로 제어하는 브라흐마차르야(brahmacārya, 정숙), 마지막으로 다섯째는 소유를 욕심내지 않는 아파리그라하(aparigraha, 무소유)다.

기도는 흔히 절대자에게 자신이 원하는 욕망을 요구하는 행위로 알려져 있다. 그런 의미의 기도는 자신의 욕망을 강화하기 위해 신의 이름을 이용하는 자기만족일 뿐이다.

기도는 이른 아침 자신만의 영적인 동굴로 들어가 자신에게 쌓여 있는 적폐(積弊)를 제거하는 행위다. 기도의 '기(祈)'는 그런 적폐를 제거하고자 날카로운 도끼[斤]를 자기 앞에 겨누는[示] 수련을 뜻한다.

기도는 자신에게 주어진 오늘이라는 시간을 위대하게 만들기 위해 자신의 목숨을 내놓는 굳은 결심이다. 기도는 무엇을 바라는 것이 아니라 '하지 않아도 되는 것'과 '하지 말아야 할 것'을 가려내는 결단이다.

인생은 마라톤과 같다. 긴 여정을 무사히 완주하기 위해 가장 먼저 해야 할 일은 몸과 마음을 최대한 가볍게 하는 것이다. 오늘 굳이 하지 않아도 되는 일을 섬세하게 가려내는 행위가 곧 기도다. 당신은 오늘 무엇을 하지 않겠는가?

기도는 무엇을 바라는 것이 아니라
'하지 않아도 되는 것'과
'하지 말아야 할 것'을 가려내는 결단이다.


오늘 굳이 하지 않아도 되는 일을
섬세하게 가려내는 행위가 곧 기도다.

# 당신은 오늘
# 무엇을 하지 않겠는가?

2부

# 유기
## 遺棄

삶의
군더더기를
버리는 연습

비겁한 사람들은 죽기 전에 여러 번 죽습니다.

용감한 자는 한 번 죽습니다.

윌리엄 셰익스피어

# 비겁
卑怯

지옥조차 거부한 최악의 죄

우리는 하루를 보내는 동안 나 자신을 응시할 시간을 거의 갖지 못한다. 이른 아침 눈을 떠서 잠들 때까지 우리의 눈과 귀를 유혹하는 변화무쌍하고 흥미진진한 장난감이 있기 때문이다. 바로 스마트폰이다.

스마트폰은 손가락 터치 한 번으로 우리가 상상하지 못한 온갖 세계를 보여준다. 우주의 수많은 별들에서부터 고대 이집트의 장례 문헌인 『사자의 서』에 적힌 성각문자 하나하나까지 선명하게 보여준다. 인문, 과학, 예술에 관한 석학들의 최근 성과를 담은 학술 저널도 손가락 하나만으로 모두 확인할 수 있다.

어디 그뿐인가. 지구 저편에 있는 친구의 얼굴을 보면서 실시간으로 통화할 수도 있고, 지구 온난화로 살 곳을 잃고 헤매는 북극곰의 안타까운 소식도 즉각 전해들을 수 있다. 스마트폰은 그저 전화기라고 치부하기에는 더할 나위 없이 매력적인 도구다.

다만 홍수처럼 밀려드는 이 엄청난 정보들을 적절히 걸러줄

여과기가 없다면 우리는 곧 익사할지도 모른다. 우리는 이 정보들의 가치 판단 기준이 무엇이며, 어떤 정보들을 선별해 조합할 것인가에 대해 스스로 고민해야 한다.

고대 그리스인은 '서로 상관없어 보이는 수많은 정보들을 의미 있는 단위로 배열하는 기술(技術)'을 그리스어로 '테크네(technē, τέχνη)'라고 불렀다.

테크네의 어근인 '텍(*teks-)'*의 기본 의미는 '이질적인 것들을 솜씨 있게 엮다'이다. 테크네는 자신이 원하는 목표를 위해 정보들을 일관된 전략으로 묶는 행위를 뜻한다. 전략이란 최적화된 정보의 나열이다.

테크네는 예술적인 감수성을 지닌 사람들의 깊은 관찰을 통해 탄생한다. 그들은 자신만의 방식으로 이질적인 것들을 연결한다. 우리는 그들을 예술가라고 부른다.

• '*' 표시가 붙은 단어는 역사언어학에서 같은 계통의 언어들을 비교해 원형을 복원한 가상의 형태를 의미한다.

우리는

최적의 삶을 위한

전략과 기술이 없는 자를

'겁쟁이'라고 부른다.

겁쟁이는
만난 적도 없는
적에 대한 공포에 사로잡혀
지레 도망친다.
머릿속에 존재하는 공포가
그를 겁쟁이로
만드는 것이다.

한 번 지나가면 되돌릴 수 없는 유한한 시간 속에 존재하는 인간에게 의미를 부여하는 도구가 있다. 자신의 유일무이한 삶을 위한 전략과 기술이 바로 그것이다. 인간은 모두 이 전략과 기술을 통해 자기 자신에게 감동을 줄 수 있다.

우리는 그런 인간을 영웅이라고 부른다. 문학작품이나 예술작품은 모두 이 영웅들의 은유적 표현이다. 그 작품들은 영웅의 섬세한 묘사를 통해 그것을 감상하는 사람들 속에 존재하는 무언가를 일깨운다.

우리가 감동적인 작품을 보면서 눈물을 흘리는 이유는 말로 형용할 수 없는 그것이 우리 심연에 존재하는 영웅성을 자극하기 때문이다. 영웅은 자신만의 전략과 기술로 대결에서 항상 승리를 거둔다. 우리는 이 영웅들의 승리 방식을 용기(勇氣)라고 부른다.

반면 우리는 최적의 삶을 위한 전략도 없고 기술도 없는 자를 겁쟁이라고 부른다. 겁쟁이는 전쟁터에서 가장 잘 드러난다. 겁쟁이는 만난 적도 없는 적에 대한 공포에 사로잡혀

지레 도망친다. 머릿속에 존재하는 공포가 그를 겁쟁이로
만드는 것이다.

14세기 초,『신곡』이라는 작품으로 르네상스의 기반을 다진
시인 단테. 그는 성서, 그리스·로마 신화, 철학, 문학 등을
주요한 인물과 주제로 엮어 그 누구도 상상하지 못한 방식
의 책을 만들었다.

『신곡』은 「지옥」(34곡), 「연옥」(33곡) 그리고 「천국」(33곡)으
로 구성된 100편의 시다. 단테는 당시 지식인들의 언어였던
라틴어가 아닌 피렌체의 방언인 토스카나 지방 언어로 이
시를 썼다. 이후 이 언어는 현대 이탈리아어의 조상이 됐다.

단테는 자신의 작품『신곡』에 직접 등장해 고대 로마 시인
베르길리우스를 따라 지옥을 여행한다. 그들이 지옥으로 들
어가는 문 앞에 도착하자 그곳에 다음과 같은 팻말이 붙어
있다. "페르 메(per me)", 즉 '나를 통해'로 시작하는 이 팻말
의 내용은 다음과 같다.

Per me si va ne la città dolente.

나를 통해 당신은 슬픔의 도시로 들어갑니다.

Per me si va ne l'etterno dolore.

나를 통해 당신은 영원한 고통으로 들어갑니다.

Per me si va tra la perduta gente.

나를 통해 당신은 길을 잃은 자들에게로 갑니다.

—『단테』「지옥」제3편 1–3행


그들이 아직 지옥의 문을 통과하기 전 어디선가 울부짖는 소리가 들렸다. 그 소리는 분노와 고통의 절규였다. 단테가 베르길리우스에게 물었다. "스승님, 제가 듣는 이 신음 소리는 무엇입니까? 누가 이렇게 고통 속에서 울부짖습니까?" 그러자 베르길리우스는 다음과 같이 대답했다. "이 불쌍한 영혼들은 불쌍한 방식으로 세상을 살았다. 그들은 오명도 없고 명성도 없는 미지근한 영혼들이다."(『단테』「지옥」제3편 34–36행)

이들은 자신의 상태를 유지하는 것을 인생의 최우선으로 삼은 사람들이다. 그들은 아무 일도 시도하지 않았다. 좋은 일을 하지도 않았고, 나쁜 일을 도모하지도 않았다.

그들은 우주 안에서 자신이 해야 할 일을 몰라 그저 하루하루 현상 유지를 위해 연명한 폐품들이며, 세상에 아무런 영향을 끼치지 않은 자들이다.

단테는 그들을 지옥에조차 들어가지 못하는 "미지근한 영혼"으로 묘사했다. 그들은 극심한 고통을 당하면서도 죽지도 못한다. 그들은 지상에서 '살아본 적'이 없기 때문이다.


단테는 그들의 행위를 이탈리아어로 '윌타(viltà)'라고 명명했다. 윌타는 축자적으로 '소심함'을 뜻한다. 그들은 너무 소심하고 겁이 많아 자신이 살아 있는 동안 해야 할 임무를 알지도 못하고, 설령 안다 할지라도 행동으로 옮기지 않는다. 단테는 이 비겁한 자들을 지옥에도 들어가지 못하는 최악의 인간으로 묘사했다.

나치스의 홀로코스트에서 살아남은 작가이자 인권운동가인 엘리 위젤(Elie Wiesel)은 어느 편에도 서지 않는 중립적인 행위는 비겁이라고 정의한다. 1986년에 노벨평화상을 수상한 그는 이런 말을 남겼다.

저는 인간이 고통을 당하거나 창피를 당할 때마다, 그런 고통과 창피를 당하는 장소에서 항상 침묵하지 않을 것을 맹세합니다. 우리는 언제나 편을 들어야 합니다. 중립적인 태도를 취하는 것은 압제자를 돕는 것이지 피해자를 돕는 것이 아닙니다. 그런 침묵은 폭력의 주동자를 독려합니다.

엘리 위젤은 가공할 만한 역사적인 사건과 폭력 앞에서 아무런 태도를 취하지 않는 것을 악의 근원이라고 말한다. 그런 비겁한 자들의 머리에는 '자기 이익'이라는 신만이 가득하기 때문이다.

오늘날 사람들은 끊임없이 우리의 정신을 혼돈으로 몰아넣는 정보에 빠져 자신이 익사하는 줄도 모르고 하루를 연명한다. 그들은 외부의 자극에 취약해 무엇에나 쉽게 반응한다.

비겁은 무시무시한 대상 앞에서 도망치는 마음의 상태다. 그러나 더 근본적인 비겁은 자신의 모습을 있는 그대로 비출 거울을 소유하지 못하고, 습관적으로 끊임없이 타인의 이미지에 탐닉하는 것이다.

비겁은 자신이 간절히 바라는 위대한 자신에 대한 상상력의 부재다. 그런 자신을 상상해본 적이 없다 보니 하는 행위라고는 늘 다른 사람을 훔쳐보고 부러워하고 흉내 내는 일뿐이다.

오죽하면 미국 사상가 랄프 왈도 에머슨이 "부러움은 무식이고 흉내를 내는 것은 자살행위다"라고 외쳤겠는가. 당신은 비겁한 자인가, 용기 있는 자인가?

비겁은 자신의 모습을
있는 그대로 비출 거울을
소유하지 못하고,

습관적으로 끊임없이
타인의 이미지에
탐닉하는 태도다.

무언가를 간단하게 설명하지 못한다면,

당신은 그것을 잘 모르는 것입니다.

알베르트 아인슈타인

# 단순
## 單純

●

궁극의 정교함

'단순'은 모자란 것이 아니다. 서툰 것도 아니다. 단순은 오랜 수련을 거쳐 도달한 더 이상 바랄 게 없는 거의 완벽한 상태다. 인생이란 삶을 위한 최적의 상태인 단순을 만들어가는 과정이다.

체조 선수들은 인간의 한계를 확장하는 고된 훈련을 통해 최적의 몸 상태를 만든다. 최적의 몸은 자신이 의도한 움직임을 재현할 수 있는 도구이기 때문이다. 이 움직임의 가장 큰 특징이 단순이다. 이들은 군더더기 없는 최소한의 움직임으로 가장 강력하고 효과적인 동작을 만들어낸다.

영국의 스콜라 철학자 윌리엄 오컴(William of Ockham)은 어떤 명제가 진리인지 거짓인지를 판가름하는 추론의 기준을 제시했다. 이상적인 추론의 가장 중요한 요건은 불필요한 가정의 제거다. 그는 라틴어로 다음과 같은 말을 했다.

Numquam ponenda est pluralitas sine necessitate.
필요 없이 복잡하게 만들지 마십시오.

# 단순은

오랜    수련을    거쳐
도        달        한
더 이상 바랄 게 없는
거의 완벽한 상태다.

이 문장을 해설하면 이렇다. '문제의 핵심을 모르는 사람은 복잡하게 설명합니다. 쓸데없는 말들로 오히려 본질을 흐립니다. 필요 이상으로 복잡하게 설명하는 사람을 피하십시오.'

인류 문명의 발전은 단순함을 발견하고 그것을 적용해온 과정이다. 2015년 12월, 구글이 지주회사 이름을 '알파벳'으로 바꿨다. 세계 최고 IT 회사가 자신에게 부와 명성을 가져다준 구글이라는 이름 대신, 유치원생도 아는 '알파벳'이라는 명칭을 선택한 것이다.

구글의 의도는 무엇일까? 구글을 창업한 래리 페이지(Larry Page)와 세르게이 브린(Sergey Brin)은 왜 그런 생각을 했을까? 왜 그들은 새로운 이름을 갖고자 했을까?

그들은 모두 유대인이다. 유대인에게 이름은 특별하다. 유대인의 조상 아브라함은 삶의 결정적인 순간에 자신의 이름을 '아브람'에서 '아브라함'으로 바꾼다.

아브람은 '아버지(아브)는 존경받는 분(람)이다'라는 의미이며, 아브라함은 '온 세상(라함)의 아버지(아브)'라는 뜻이다. 아브라함은 이 개명을 통해 한 가족의 가장에서 온 세상의 가장이 되겠다는 의지를 표명한 것이다.

그는 단순히 이름만 바꾼 게 아니다. 그것은 정신적으로 영적으로 온 세상의 주인이 되기 위해 자신을 완전히 탈바꿈하겠다는 선언이었다.

그러기 위해 그가 가장 먼저 한 일이 이제까지 자신에게 정체성을 주었던 소중한 이름을 버리는 것이었다. 새로운 삶을 시작하려는 아브라함에게는 자신의 이름조차 거추장스러운 군더더기일 뿐이었다.


유대인들은 이름을 신처럼 여긴다. 그들은 신을 히브리어로 '하솀(ha-shem, משה)', 즉 '그 이름'이라고 부른다. 구글이 꿈꾸는 혁명적인 미래는 알파벳이라는 명칭에 고스란히 담겨 있다.

인간에게 문명을 가져다준 두 가지 요소는 도시와 문자다. 도시는 사적인 이해가 상충하는 다양한 사람들이 대화와 양

보를 통해 공동체적인 삶을 살겠다고 결심한 추상적인 공간이다. 문자는 이 추상적인 공간을 유기적으로 엮어주는 거룩한 끈이다.

고대 사람들은 문자를 자신들의 권력을 유지하는 데 사용했다. 고대 이집트의 성각문자나 메소포타미아의 쐐기문자를 아는 사람은 극소수에 불과했다.

'정보와 지식은 소수만이 장악하는 것이 아니라 누구나 쉽게 읽고 쓸 수 있어야 한다'는 지식 정보의 민주 혁명이 두 번에 걸쳐 일어났다.

첫 번째 혁명은 기원전 18세기에 떠돌이 노동자들이 만든 고대 히브리 알파벳이고, 두 번째 혁명은 기원전 8세기 호메로스라는 인물이 만든 그리스 알파벳이다. 알파벳은 하나의 글자가 하나의 자음이나 모음을 나타내는 단순한 문자 체계를 뜻한다.

인류 최초로 알파벳을 창제한 사람은 지식계급이나 왕이 아니다. 그 주인공은 당시 중동 지방을 떠돌던 이주 노동자들,

바로 히브리인이다.

'히브리'라는 용어는 고대 히브리어 '이브리(ibri)'에서 유래
했다. 이브리는 '(생존을 위해 국경을) 넘나드는 사람들'이라는
의미다. 인종적이거나 민족적인 용어가 아닌 사회학적인 용
어로 따지자면 오늘날의 외국인 노동자들에 해당한다.


히브리인들은 기존의 지식 정보 체계에 반기를 들어 단순하
면서도 혁신적인 문자 체계를 구축했다. 그들은 30개 이하
의 자음으로 이루어진 알파벳을 만들었다. 그들은 이 자음
만으로도 자신들의 생각을 충분히 표현할 수 있다고 판단
했다.

그들의 원칙은 이렇다. 예를 들어 집 모양을 그린다. 집을
셈족어로 '베이트(beit)'라고 하는데, 히브리인은 집 그림을
베이트라고 읽지 않고 첫 자음 'b'로 읽는다. 이른바 '두음
법칙'이다. 두음법칙으로 26개 정도의 글자를 조합해 자신
들의 생각을 음성으로 옮긴다. 이 문자 체계가 바로 알파벳
이다.

두 번째 혁명은 기원전 8세기에 그리스의 호메로스가 완성했다. 그리스 알파벳의 기원은 페니키아 알파벳이다. 페니키아(오늘날 레바논) 상인들은 지중해 전역의 장거리 해상 무역을 통해 부를 축적했다. 이들은 대항해 시대를 열어 모로코, 카르타고, 그리스, 이탈리아, 시실리, 스페인 지역과 무역했다.

그들은 백향목, 도자기, 와인, 유리 그리고 자줏빛으로 물들인 옷감을 수출했다. '페니키아'라는 말은 그리스어에서 유래했는데, '자줏빛 나라'라는 뜻이다. 페니키아 앞바다에서 잡히는 특별한 뿔소라인 무렉스(murex)에서 자주색을 추출해 옷감을 염색했다. 지중해 지역의 사람들에게 이 자줏빛 옷감은 최고의 명품이었다.

페니키아 상인들이 무역을 위해 그리스에 도착했을 때, 당시 그리스는 무문자 사회였다. 예전에는 크레타 섬과 미케네 섬에 그들 나름의 문자 체계인 선형문자 A(Linear A)와 선형문자 B(Linear B)가 있었지만 그마저도 사라진 상태였다.

페니키아 상인들은 거래를 위해 그리스인들에게 자신들의 페니키아 알파벳을 전파했다. 페니키아인의 이 알파벳을 수용해 거기에 자신들에게 필요한 모음과 자음을 더해 그리스 알파벳을 만든 사람이 바로 호메로스다.

호메로스는 페니키아어로 소를 의미하는 '알렙(aleph, 𐤀)'을 '알파(alpha)'로, 집을 의미하는 '베이트(beit, 𐤁)'를 '베타(beta)'로 수정했다. 알파는 그리스어에서 모음 'a'가 되었고, 베타는 자음 'b'가 됐다. 알파벳이라는 단어는 알파와 베타를 합쳐 만든 것이다.

호메로스의 천재성은 자신들에게 절실한 문화를 적극적으로 수용해 창조적으로 변용했다는 점이다. 그는 기원전 750년경 새롭게 만들어진 이 알파벳으로 『일리아스』와 『오디세이아』를 기록했다. 서양 문명이 창조되는 순간이었다. 영어를 포함한 오늘날의 대부분의 유럽 문자들은 페니키아 알파벳을 수정한 그리스 알파벳의 후손이다.

알파벳은 26개의 문자로 인간의 모든 생각을 표현할 수 있는 단순함의 극치다. 아인슈타인이 1905년에 발표한 질량-에너지 등가 원리인 'E=mc$^2$'처럼, 알파벳은 26개의 모음과 자음으로 인간의 모든 언어를 문자로 표시했다.

구글은 이 '알파벳'이라는 이름을 통해 미래를 현실로 만드는 혁명을 시도하고 있다. 영어 알파벳 'G'로 시작하는 구글은 이제 26개 글자로 구성된 알파벳이라는 지주회사의 하나가 됐다.

혁명이란 '자신이 애지중지하는 이름을 바꾸는' 용감한 행위다. 혁명의 핵심은 꼭 필요한 몇 개만 남기고 나머지를 모두 제거하는 단순함이다.

인생이란 ─────────────
삶을 위한 최적의 상태인 단순을
───── 만들어가는 과정이다.

욕심은 결코 만족하지 못하는 인간을
소진시키는 바닥 없는 구덩이다.

에리히 프롬

욕심

慾心

만족을 모른 채 헛것을 갈망하는 괴물

당신은 무엇을 추구하는가? 당신도 모두가 흠모하는 성공이라 불리는 신기루를 좇고 있지는 않은가?

우리는 어떤 부류의 사람들을 보고 성공했다고 말할까? 성공한 사람은 스스로에게 만족할 줄 안다. 그는 자신에게 만족스러운 한 가지를 찾았거나 찾는 과정에 있는 사람이며, 그것을 쟁취하기 위해 최선을 다하는 사람이다.


성공에는 두 가지 방해꾼이 있다. 내가 향하는 길에서 나를 이탈시켜 거짓된 길로 인도하는 유혹들이다.

성공의 첫 번째 방해꾼은 부러움이다. 자신에게 집중하는 수련을 한 적이 없고, 자신을 우주 안에서 가장 소중한 존재로 대접하지 못하는 사람은 대개 남을 부러워한다.

자신을 위한 최선의 기준을 스스로 만든 적이 없기 때문에 남의 기준을 자신의 기준인 양 착각한다. 그러면서 자신도 모르게 그 길이 고유한 것인 줄 알고 집착하기 시작한다.

남을 부러워하는 삶, 남이 소유한 것을 나도 갖고자 하는 삶, 남이 말하는 성공을 자신의 성공으로 착각하는 삶, 나는 그런 삶을 무식(無識)이라고 말하고 싶다. 무식이란 자신을 위한 최선을 모른 채 어영부영 사는 삶이다.

두 번째 방해꾼은 흉내다. 흉내는 부러움의 표현이다. 부러움이 정신적인 활동이라면, 흉내는 육체적인 활동이다.

흉내를 내는 사람은 진부하다. 사람은 자신만의 고유한 생각을 표현할 때 독창적이며 매력적이다. 고유함이란 우주 안에서 한 명의 주인을 섬기는 천사와 같은 존재다. 그 고유함은 이동할 수도 재생될 수도 없다.

우리 대부분은 자신도 모르게 흉내를 내며 살아간다. 용기 내어 자신만의 고유한 선율을 연주해보지만 이를 처음 접하는 사람들에게는 불협화음으로 들릴 수 있다. 그렇다고 포기해서는 안 된다.

고유함에는 진정성이 깃들어 있어서 듣는 이의 마음속에 있는 진정성과 공명하면 시간이 지나면서 점차 아름다운 선율로 변화한다. 흉내는 자신의 고유함을 포기하려는 자살행위다.

고유함이란 ─────────────────────
───── 우주 안에서 한 명의 주인을 섬기는
천사와 같은 존재다. ─────────────────
───────────────── 그 고유함은
이동할 수도 재생될 수도 없다.───────

나를 위한 최선의 경주는 다른 사람과의 경쟁이 아니라 나 자신과의 경쟁이다. 마치 42.195킬로미터를 달려야 하는 마라토너들이 각 구간마다 최적화된 전략을 짜고, 그대로 실천하는 것이 성공적인 완주의 비밀인 것처럼 말이다.

지금 당장 마라톤을 해야 한다고 가정해보자. 먼저 최적화된 복장을 갖춰야 한다. 성공적인 달리기를 위해서는 가장 가볍고 간편한 복장이 필수다.

달리기 복장의 가장 큰 특징은 단출함이다. 달리는 데만 몰입해야 하는 순간에 휴대전화나 물통을 들고 뛰는 사람은 없을 것이다.

인생이라는 마라톤에서 가장 먼저 제거해야 할 거추장스러운 것은 우리를 목표점에서 이탈하게 만들고, 우리의 시선을 희미하게 만드는 마음의 유혹이다. 우리는 그것을 욕심이라고 한다. 겉으로 잘 드러나지 않는 이 욕심은 마음속 깊은 곳에 도사리고 있는 무시무시한 괴물이다.

그리스 신화에 미노스(Minos)라는 인물이 나온다. 미노스라는 이름은 기원전 15세기경 크레타 섬에서 사용되던 언어인 선형문자 B로 '왕'이라는 뜻이다.

형제들을 물리치고 크레타의 왕이 되고 싶었던 미노스는 간절히 기도했다. 그 기도가 포세이돈에게 가닿자 포세이돈은 미노스에게 제물용으로 흰 황소를 선물한다.

그러나 이 흰 황소의 아름다움에 매료된 미노스는 욕심에 가득 차 그 소를 신들에게 바치지 않는다. 결국 분노한 포세이돈은 미노스의 부인 파시파에를 황소와 사랑에 빠지게 만들어버린다.

황소와 파시파에 사이에서 반인반수의 괴물 미노타우로스가 태어난다. 미노스는 영원히 빠져나갈 수 없는 미궁(迷宮) 라비린토스를 만들어 미노타우로스를 그 안에 가둔다.

단테의 『신곡』「지옥」 제5곡에서는 미노스가 지옥으로 들어가는 입구를 지키는 괴물이자 욕심의 화신으로 등장한다. 뱀의 꼬리를 단 미노스는 지옥이 시작되는 지점에 서서 지

옥으로 내려오는 인간들을 꼬리로 감아 배치한다. 단테는
욕심을 끊임없이 휘몰아치는 태풍에 비유한다.

지옥의 휘몰아치는 바람은 결코 쉬는 법이 없다. 바람은 이
영혼들을 자신의 힘으로 끌고 다닌다. 그리고 그들을 바람
에 날려 보낸다. 그들은 뒹굴고, 부딪히고, 결국은 괴로워
소리친다.
— 『신곡』 「지옥」 제5곡 31-33행

욕심에 해당하는 라틴어는 '아와리티아(avaritia)'다. 이 단어
는 '~을 쥐려 하다 / ~을 바라다'라는 라틴어 동사 '아웨레
(avere)'에서 파생했다. 아와리티아는 자신을 가만히 응시하
지 못해 타인의 아름다움이나 타인이 소유한 것을 간절히
원하는 마음이다.
욕심은 끝도 없고 만족도 없다. 그것은 배가 부른데도 더 먹
으려 하는 비이성적인 습관이며, 권력을 쥔 자가 더 많은 권
력을 휘두르려는 횡포다.

한자 '慾心(욕심)'에는 그 의미가 잘 담겨 있다. 배가 불렀음에도 더 많은 곡식[谷]을 하품[欠]하듯 입을 벌려 넣으려는 마음[心]이다.

우리가 해야 할 경주는 무엇이며, 그 경주를 위해 우리는 어떤 전략을 세워야 할까? 최선의 경주를 위해 버려야 할 물건은 무엇일까? 스스로 만족하는 삶, 성공적인 삶을 위해 버려야 할 욕심은 또 무엇일까?

나를 위한 최선의 경주는

다른 사람과의 경쟁이 아니라

나 자신과의 경쟁이다.


인생이라는 마라톤에서

가장 먼저 제거해야 할 것은

우리를 목표점에서 이탈하게 만들고,

우리의 시선을 희미하게 만드는

마음의 유혹이다.

우리는 그것을 욕심이라고 한다.


겉으로 잘 드러나지 않는 이 욕심은

마음속 깊은 곳에 도사리고 있는

무시무시한 괴물이다.

인류는 요리법이 향상된 뒤

몸이 요구하는 것의 두 배는 먹는다.

벤자민 프랭클린

# 식탐

## 食貪

거부할 수 없는 악마의 유혹

살아가면서 무언가를 배워 숙련된 단계에 도달하기까지는 수년의 시간이 걸린다. 그러나 오늘 하루를 지혜롭게 살기 위해서는 일생이 걸린다. 고대 로마 철학자 세네카는 이렇게 말한다.

수많은 사람들이 지혜로운 삶을 위해 방해가 되는 것들, 재물, 직업 그리고 쾌락을 포기하고 어떻게 살 것인가를 일생의 과업으로 삼았습니다. 그러나 그들은 죽을 때 자신들이 아직도 어떻게 살아야 할지 모른다고 고백합니다.

위대한 삶을 지향하는 자는 시간을 장악한다. 그는 삶을 단순하게 만들어 더 나은 자신을 만들기 위해 집중한다.

일상에서의 저녁은 아침만큼 거룩하다. 오늘 우리에게 주어진 임무를 완수하고 그것들을 점검하는 시간이기 때문이다. 그런데 불가피하게 저녁 자리에 참석해야 할 때가 있다. 보통 저녁 약속은 식사와 함께 진행되기 마련이다. 음식은 우리의 본성을 자극해 이성을 마비시키고 육체를 무의식으로 반응하게 하는 강력한 유혹이다.

약속 장소로 향하면서 '소식(小食) 하고 집으로 돌아가 저녁을 잘 마무리한 뒤 내일 아침 가뿐한 몸과 마음으로 일어나리라'라고 다짐한다. 그러나 오감을 자극하는 음식을 입에 넣고 씹는 순간 결심은 무너진다. 미각이 작동하기 시작하면서 우리는 음식에 영혼을 빼앗겨버린다.

인간은 탐닉을 좋아한다. 자신의 쾌락을 일깨우는 외부의 자극에 필요 이상으로 반응한다. 이런 탐닉은 우리를 중독으로 이끈다. 고대 성인이나 사상가들은 일상 가운데 늘 식사를 경고해왔다.

붓다나 예수와 같은 성인들에게는 흔한 습관 중 하나가 금식일 만큼 일상이 온통 경계와 근절로 이루어진다. 금식은 자신을 지배하는 다양한 형태의 탐닉을 걸러내 자신을 주인으로 만드는 수련이다. 탐닉은 매우 미묘해서 확인이 힘들다. 그러나 자신을 응시하는 수련을 통해 그 정체를 가려낼 수 있다.

살아가면서 무언가를 배워
숙련된 단계에 도달하기까지는
수년의 시간이 걸린다.

그러나 오늘 하루를 지혜롭게
살기 위해서는 일생이 걸린다.

인간은 탐닉을 좋아한다.
자신의 쾌락을 일깨우는 외부의 자극에
필요 이상으로 반응한다.


이런 탐닉은 우리를
중독으로 이끈다.

무슬림들은 매년 라마단 기간에 금식을 수련한다. 그들은 해가 떠서 질 때까지 세 가지 행위를 금지하는데 먹기, 마시기 그리고 성행위가 그것이다. 이 세 가지 행위의 특징은 본능적이라는 데 있다.

금식을 뜻하는 아랍어는 '짜움(ṣaum)'이다. 짜움의 기본 의미는 '습관적으로 하던 행위를 스스로 하지 않기'다. 그들은 금식을 통해 음식을 부정하는 것이 아니라 오히려 음식의 소중함을 상기한다. 뿐만 아니라 음식이 없어 먹지 못하는 주변의 사람들을 기억해 필요 이상의 음식을 먹지 않겠노라 다짐한다.


인생에 있어서 반드시 알아야 할 것들은 누가 가르쳐주지 않는다. 스스로 깨우쳐야 한다. 학교나 가정에서도 가르쳐주지 않는다. 잠자기, 일어나기, 대화하기, 관찰하기, 경청하기, 쓰기, 식사하기, 결혼하기, 은퇴하기, 죽기 등에 대해 스스로 깨우치는 것은 나의 삶을 한층 가치 있게 만든다.

영어 단어나 수학 공식을 외우는 것으로는 삶의 가치를 높일 수 없다. 서양에서는 이런 것들을 '에티켓(etiquette)'이라고 한다. 에티켓은 한 사람의 성격과 인격의 표현이며, 타인과의 관계에서 지켜야 할 최소한의 몸가짐이다.

에티켓은 고대 그리스어 '에토스(ethos, ἔθος)'에서 유래했다. 에토스는 어떤 사람이나 집단이 오랫동안 수련을 통해 지켜온 습관이나 관습을 의미한다. 에티켓은 곧 그 사람의 평소 몸가짐이다.

탐식에 대한 그림을 그린 화가가 있다. 네덜란드 화가 히에로니무스 보스(Hieronymus Bosch)다. 그는 1500년경 〈일곱 가지 죄악과 네 가지 마지막 것들이 그려진 탁자〉라는 작품을 남겼다. 여기서 '네 가지 마지막 것들'은 임종, 최후의 심판, 천당 그리고 지옥에 대한 묘사다.

그림의 한가운데에 묘사된 원은 그리스도 눈의 동공을 상징한다. 그 동공 밑에 라틴어로 "Cave Cave Deus Videt"라고 쓰여 있는데, '조심하라, 조심하라, 신이 보고 있다'라는 뜻이다.

이 동공 주위로 일곱 가지의 큰 죄를 상징하는 그림이 그려져 있고 죄명이 적혀 있다. 맨 위의 그림이 '탐식'이다.

이 그림에는 술에 취한 듯한 사람이 술 항아리를 통째로 들고 탐욕스럽게 마시고 있다. 그는 무릎이 다 해진 옷을 입고 있을 만큼 자신을 관리하지 못한다. 그가 술을 마시는 것이 아니라 술이 그를 마시고 있다.

가운데 식탁에 앉아 있는 뚱뚱한 사람은 왼손에는 닭다리를, 오른손에는 술잔을 들고 있다. 그는 그저 먹는 데에만 몰입해 있다. 닭다리를 뜯고 있는 그를 향해 손을 뻗은 어린아이 역시 뚱뚱하다. 옷은 남루하고 신발은 허름하다.

그의 오른편에는 부인으로 보이는 여자가 있다. 그녀는 많이 먹는 것이 삶의 목표인 남편을 위해 삶은 닭 한 마리가 통째로 담긴 접시를 들고 온다. 이 그림 아래에 '굴라(gula)'라는 라틴어가 적혀 있다.

굴라는 '음식을 씹지 않고 삼키다'라는 의미의 라틴어 동사 '굴루티레(gluttire)'에서 유래했다. 음식을 음미하지 않고 급하게 목구멍으로 삼키는 행위를 뜻한다. 폭식을 의미하는 영어 '글러트니(gluttony)'는 이 단어에서 유래했다.

여지없이 오늘 저녁도 온갖 음식의 유혹 앞에 흔들릴 것 같다면 즉시 이 말을 상기하라. "조심하라, 조심하라, 신이 보고 있다!"

천사를 악마로 변화시키는 것은 자만이고

인간을 천사로 만드는 것은 겸손이다.

아우구스티누스

자만
自慢

●

불
행
의　뿌
리

자기 자신을 장님으로 만들어 비참한 운명으로 추락시키는 마음의 습관이 있다. '자만(自慢)'이다. 자만하는 자는 위험에 빠지는 운명의 순간에 이르러서야 자신의 위치를 분명하게 인식한다.

자신이 스스로 빛을 내는 존재라고 생각한 자칭 '영웅'이 있었다. 그의 이름은 고대 그리스어로 '빛나는'이라는 의미의 '파에톤(Phaethon)'이다.

파에톤은 태양신 헬리오스와 인간 클리메네 사이에서 태어난 반신반인(半神半人)이다. 그는 수련에 따라 신이 될 수도 있고 혹은 인간이 될 수도 있는 경계적인 존재다.

헬리오스는 매일 아침이 되면 태양을 전차에 싣고 지구 동쪽에서 서쪽으로 이동시키는 신이다. 그러면 우주에는 저녁이 찾아와 하루가 지나간다. 고대 그리스인들은 누군가 매일 아침 태양을 직접 이동시킨다고 상상했다.

아버지를 한 번도 본 적이 없는 아들 파에톤은 친구들에게 태양신이 자신의 아버지라고 말했지만 아무도 그의 말을 믿지 않았다. 파에톤은 어머니 클리메네에게 아버지를 만나게 해달라고 요구했다. 클리메네는 그에게 헬리오스가 거주하는 궁궐의 위치를 알려주었다.

궁궐은 태양이 하루 여정을 시작하는 동쪽 끝인 인도에 있었다. 파에톤은 인도로 향했다. 드디어 아버지가 있는 궁궐에 도착한 그는 그곳의 웅장함과 찬란함에 놀랐다. 궁전의 기둥은 진귀한 보석으로 만들어졌고, 천정은 온통 상아와 은으로 장식되어 있었다.
파에톤은 이 궁전을 자신의 집이라고 착각했다. 그는 다이아몬드로 수놓은 왕좌에 앉은 아버지 헬리오스 앞에 섰다. 아버지 헬리오스로부터 뿜어져 나오는 빛은 그를 마주하기조차 어렵게 했다.

파에톤은 헬리오스를 만나자마자 자신이 친구들로부터 거짓말쟁이라고 놀림받은 수모에 대해 토로했다. 그러고는 헬리오스에게 물었다. "당신이 제 아버지입니까?" 헬리오스

는 철없는 파에톤을 반갑게 맞이하며 그가 자신의 아들임을
궁궐에 모인 모든 신들에게 알렸다.

헬리오스는 아들을 만난 기쁨에 그만 그의 단점을 간파하기
도 전에 아들이 원하는 것이면 무엇이든 들어주겠다는 약속
을 하고 만다. 파에톤은 우쭐해져서 마치 자신이 헬리오스
라도 된 양 착각하기 시작했다.

파에톤은 헬리오스의 임무가 얼마나 정교하고 힘든 일인지
짐작조차 하지 못했다. 하루도 빠짐없이 전차에 태양을 싣
고 정해진 곳으로 운행하는 그의 수고로움으로 하늘의 별들
이 질서정연하게 움직이고, 땅과 바다의 동식물들이 생존할
수 있었다.

헬리오스는 자신에게 주어진 일을 한 번도 소홀히 한 적이
없었다. 매일의 움직임이 수련이며 인내였다. 그럼에도 매
일 아침 시작되는 그의 운행은 생경했다. 어떤 일이 발생할
지 알 수 없기 때문이었다. 헬리오스가 자기 임무에 대한 헌
신과 각오와 몰입을 소홀히 한다면 태양을 실은 전차는 길

을 이탈해 우주에 재난이 발생하고 말 것이다.

파에톤은 아버지의 사랑과 관대함을 확인하고 싶었다. 그는 헬리오스에게 자신이 하루만 태양을 실어 나르는 전차를 몰겠다고 졸라댔다. 파에톤은 헬리오스가 신들 앞에서 어떤 소원이라도 들어주겠다고 말한 것을 악용했다.

헬리오스는 아들의 터무니없는 요구에 흠칫했다. 미숙한 아들의 응석으로 받아주기에는 지나치게 위험한 부탁이었다. 그가 아들의 마음을 돌이킬 수 있는 수단은 설득밖에 없었다.

그는 아들에게 우주의 주인인 제우스 신도 태양을 실은 전차를 운전할 수는 없다고 말했다. 신이나 인간은 각자 자신만의 고유한 임무가 있으며, 그 임무는 일생 동안 반복하는 수련을 통해 서서히 완성되는 것이라고 덧붙였다.

하지만 파에톤은 한 번 뱉은 약속은 지켜야 한다고 주장했다. 약속을 파기하는 것은 우주 전체를 혼돈에 빠뜨리는 것보다 더 심각한 범죄였다. 고대 그리스인들은 인간의 생각은 말로 표현되고, 말은 다시 행동을 낳는다고 믿었다.

'말'의 가시적인 표현이 바로 우주다. 말을 통해 우주가 창조되었으니 약속을 지키는 일이 가장 중요한 가치였다. 헬리오스는 자신의 약속을 지킬 수밖에 없었다.

헬리오스는 파에톤에게 태양을 실은 전차를 너무 높거나 너무 낮게 운행하지 말고 '적당한 길'로 가야 한다고 충고했다. 그러나 파에톤이 '적당한 길'을 이해할 리 없었다.

'적당한 길'이란, 예를 들어 마라토너가 42.195킬로미터를 달리기 위해 바람의 방향과 온도, 습도, 도로 사정, 자신의 건강 상태 그리고 구간에 대한 정보 등을 종합해 '적당하지만 완벽하게' 발을 딛고, 그 발에 맞춰 손을 앞뒤로 흔들며, 가장 편안한 위치에 시선을 고정하는 감각이다. 마라톤 교본을 섭렵했다고 해서 마라톤을 완주할 수 있는 것은 아니다.

어떤 일을 시도하는 과정에서 수많은 시행착오와 반성, 자기 수련과 인내, 연습의 과정이 부재한 상태로 그 일을 멋지게 완수할 수 있다고 착각하는 마음이 자만이다. 자만에 가득 찬 파에톤은 결국 태양 전차에 올라 말의 고삐를 잡았다. 태양 전차는 정해진 길에서 벗어나 위험한 길로 들어서고 말았다.

태양 전차를 끄는 말은 우주와 천체를 움직이는 강력한 힘을 가진 동물이다. 그보다 더한 힘과 권위가 있어야만 그 말을 부릴 수 있었다. 파에톤은 자신이 당나귀조차 조절할 수 없는 나약한 존재라는 사실을 태양 전차 위에서 깨닫는다.

자만의 가장 큰 증상은 자신을 객관적으로 볼 수 없다는 점이다. 또한 자신이 저지른 실수로 남들에게 크나큰 해를 끼친다.

태양 전차는 중심을 잃고 지상 가까이 내려오더니 이내 추락했다. 전설에 따르면 파에톤이 태양 전차에 불을 내고 추락하는 그 길이 은하수가 되었다고 한다. 제우스 신은 우주의 질서를 파괴한 파에톤에게 번개를 던져 그를 죽음에 이르게 했다.

당신은 자신이 맡은 임무에 걸맞은 연습과 수련을 거쳤다고 자신할 수 있는가? 아무런 준비도 없이 태양 전차를 몰 수 있다고 자만에 빠져 있지는 않은가? 이제라도 숙고해볼 일이다. 전차가 추락하기 전에.

자만하는 자는
자신이 위험에 빠지는
운명의 순간에 이르러서야
자신의 위치를
분명하게 인식한다.


당신은
자신이 맡은 임무에
걸맞은 연습과
수련을 거쳤다고
자신할 수 있는가?

화는 멍청한 사람을 재치 있게 만들지만

동시에 계속 가난하게 만든다.

프란시스 베이컨

# 분노
憤怒

나를 지배하는 순간의 광기

내가 사는 설악면에서 학교가 있는 관악구까지 차를 운전하고 가려면 출근시간을 피해야 한다. 출근길 도로 위의 차들은 거북이 걸음이다.

며칠 전 나는 오전 10시 강의를 위해 불가피하게 운전대를 잡았다. 마음이 급해서인지 그날따라 교통체증이 더욱 심하게 느껴졌다. 동작대교를 지나 중앙대학교 언덕길을 올라갈 참이었다.

좌회전 신호를 기다리는데 차 한 대가 다가오더니 다짜고짜 앞부분을 들이밀었다. 그 탓에 나는 신호를 놓치고 말았다. 순간 화가 치밀었다. 그 운전자로 인해 나는 제시간에 강의를 시작하지 못했다.

강의가 끝난 뒤 나의 분노를 응시해보았다. 분노는 일을 해결하기보다 망치게 한다. 또한 분노는 상대방에게 쉽게 전염된다는 특징을 가지고 있다. 내가 화를 내면 상대방도 화를 낸다. 너도나도 모두 화를 내면 일을 그르친다.

성공한 많은 사람들이 분노가 자신의 삶의 강력한 연료라고 자신 있게 말하곤 한다. 그들은 다른 사람들이 틀렸다는 것을 증명했으므로 자신이 성공했다고 말할지 모른다. 가수 프랭크 시나트라가 자신의 노래 〈마이웨이〉에서 목청에 힘을 주어 노래하듯이 "나는 내 방식대로 했어!(I did it my way)"라고 흥얼거리며 우쭐할 것이다.

그러나 그런 분노는 근시안적이다. 분노라는 연료는 시간이 지나면서 점점 독성을 뿜어내 인생이라는 자동차의 엔진을 망가트린다.

1967년, 흑인 인권 운동가 마틴 루터 킹은 흑인들을 차별하고 학대하는 백인들 앞에서 이렇게 말했다. "미움은 내가 지니고 다니기에 너무 무겁다." 분노도 마찬가지다. 분노는 우리가 버려야 할 가장 무서운 독성을 지닌 감정이다.

당대 최고의 철학자이자 정치가 그리고 극작가였던 세네카는 로마의 식민지인 이스파니아의 도시 코르도바라는 변방에서 태어났다. 하지만 불굴의 의지와 노력으로 기원후 37년에 최고 권력 기관인 로마 원로원의 일원이 됐다.

그러자 당시 로마 황제 칼리굴라는 그의 정치적인 수완과 수사학적인 웅변을 시기해 세네카에게 자살을 택하라고 명령했다. 하지만 체질적으로 약했던 세네카는 천식이 심해져 몸을 가눌 수 없을 정도의 중병을 앓고 있었다. 칼리굴라는 그를 그냥 살려두기로 한다.

칼리굴라의 뒤를 이어 41년에 황제가 된 클라우디우스에게도 세네카는 눈엣가시였다. 클라우디우스의 아내 메살리나는 정치적인 영향력을 행사하는 칼리굴라의 여동생 리빌라와 명성이 자자한 세네카를 한꺼번에 제거하기 위해 계략을 꾸민다.

세네카와 리빌라가 간통을 범했다고 로마 원로원에 고소하는 사건이 일어났다. 로마 원로원은 세네카에게 사형을 선고했다. 그러나 클라우디우스 황제는 다 죽어가는 세네카를 죽일 필요가 없다고 판단해 그를 8년간 코르시카 섬으로 유배 보낸다.

세네카는 코르시카 섬의 최북단에 위치한 가파른 절벽 위의

한 망루에 감금된다. 그곳은 1200미터가 넘는 고산지대로 주변에는 온통 바위뿐이었다.

그곳 사람들은 로마에서 유배 온 세네카를 푸대접했다. 부와 명성을 누리던 최고의 권력자에서 모함으로 인해 지옥과 같은 섬에 감금된 신세가 된 세네카의 마음은 분노로 가득 찼다.

그러나 그는 이 분노를 이기지 못하면 자신은 그곳에서 생을 다하는 비운의 주인공이 될 것이라는 사실을 깨닫는다. 그는 마음을 가다듬고 글을 쓰기 시작했다. 그것이 바로 『분노에 관하여(De Ira)』라는 책이다. 이 책은 세네카에게 오늘날까지 스토아 철학자로서, 또 작가로서의 명성을 떨치게 해준 신의 선물이 됐다.

세네카는 자신의 분노를 응시했다. 분노를 자신의 일부가 아닌 관찰의 대상으로 본 것이다. 세네카는 『분노에 관하여』3권 1장에서 이렇게 말한다.

분노보다 우리를 마비시키는 것은 없습니다.

분노는 자신의 힘으로 모든 것을 왜곡시킵니다.

만일 분노가 성공하면 세상에서 가장 건방져집니다.

만일 분노가 실패하면 세상에서 가장 비상식적으로 변합니다.

분노는 자신이 패했을 때도 결코 물러서지 않습니다.

운명의 여신이 그의 적을 물리쳐도, 분노는 스스로 이를 갈고 있습니다.


세네카는 유배당한 다음 해인 42년에 자신의 어머니에게 편지를 보내 이렇게 고백한다.


나는 최상의 환경에 있는 것처럼 즐겁습니다.

실제로 나의 주위 환경은 최고입니다.

왜냐하면 나에게 맡겨진 과중한 일들이 없어서 나의 영혼을 증진시킬 여유가 많습니다.

나는 공부가 즐겁고, 진리를 탐구하기 위해 일찍 일어나며, 자연과 우주의 본질을 묵상합니다.

스토아 철학자들은 매일 아침 묵상을 했다. 세네카는 자신의 분노를 오히려 즐거움으로 승화시켰다. 분노의 대상은 분노를 극복하지 못하는 어리석은 자신일 뿐이다. 당신의 분노는 지금 어디로 향하고 있는가?

분노보다

우리를 마비시키는 것은 없다.

분노는 자신의 힘으로

모든 것을 왜곡시킨다.

세네카는 자신의 분노를

오히려 즐거움으로 승화시켰다.

분노의 대상은

분노를 극복하지 못하는


어리석은 자신일 뿐이다.

흉내를 내지 않는 것이

최고의 복수입니다.

마르쿠스 아우렐리우스

# 시기
## 猜忌

자신에게 몰입하지 못하는 병

아침에 일어나면 마음속 깊이 안주하고 있는 또 다른 나에게 질문한다. 이 질문은 어제를 버리고 오늘을 시작하는 첫 관문이며, 오늘 하루를 후회 없이 살기 위한 결심이다.

나는 내가 열망하는 '나─자신'을 가지고 있는가? 나는 나를 위해 의식적으로 수련했는가? 어제의 나를 유기하고 새로운 나를 만들기 위해 용감하게 행동했는가? 오늘이라는 시간이 어김없이 흘러 밤이 되면 나는 좀 더 나은 내가 되어 있는가?

일상은 휘몰아치는 소용돌이와 같아서 정신을 차리지 않으면 순식간에 나를 삼켜버린다. 137억 년 전의 빅뱅에서 지금까지가 순간이듯이, 스스로를 정비하지 않으면 우리는 분명 야속한 세월을 원망할 것이다.

오늘도 나와 상관없는 복잡한 일들이 소용돌이처럼 우리를 잡아당긴다. 그 소용돌이에 휘말리지 않으려면 그 거센 움직임보다 더 강력한 힘이 필요하다. 그 힘이 바로 나─자신이라는 단단한 바위다.

파탄잘리(Patanjali)는 『요가수트라』에서 요가 수련자가 도달해야 할 나-자신의 상태를 다음과 같이 설명한다.

나-자신은 자신을 객관적으로 지속적으로 관찰할 때 등장한다. 그런 날이 오면 나는 나를 멀리서 보는 목격자가 된다. 나는 스스로 희구하고 열망한 원래의 내 안에 평온하게 거주하는 나의 모습을 본다.

파탄잘리는 자기 자신에게 평온하게 거주하는 힘을 산스크리트어로 '아바스타나(avasthāna, अवस्थान)'라고 표현했다. 이 단어는 '아바'라는 부사와 '스타나'라는 동사의 합성어다. 스타나는 '두발로 일어서다'라는 뜻의 영어 '스탠드(stand)'와 같은 어원에서 파생했다.

이 단어의 숨은 의미는 앞에 붙은 '아바'라는 부사에 있다. 아바는 흔히 동사 앞에 붙어 그 의미를 강조하고 확장한다. 아바라는 단어에는 두 가지 기본적인 의미가 있다.

일상은

휘몰아치는

소용돌이와

같아서

정신을

차리지

않으면

순식간에

나를

삼켜버린다.

소용돌이에 휘말리지 않으려면
그 거센 움직임보다 더 강력한 힘이 필요하다.
그 힘이 바로 '나–자신'이라는 단단한 바위다.

첫째는 '자기 자신이 습관으로부터 떨어져 나온 상태'다. 둘째는 '자기 자신을 찾기 위해 자신의 심연으로 내려간 상태'다. 아바는 뒤에 오는 동사에 분리(分離)와 침잠(沈潛)의 의미를 더한다.

아바스타나는 자신의 과거와 결별하고 자신이 거하고 싶은 원대한 나-자신의 자리에 침잠하는 능력이다. 나-자신이라는 단단한 바위를 찾지 못한 사람들은 자신의 시선을 끊임없이 다른 사람에게로 향한다.


IT가 가져다준 편리함은 우리의 시선을 더더욱 타인에게 향하게 한다. 자기 자신이 아닌 다른 사람들을 훔쳐보고 탐닉하고 부러워하게 만든다.

거의 습관화되어버린 이 행위로 우리는 컴퓨터와 스마트폰에 시선을 고정한 채 우리-자신을 잃어버린다. 그 속에서 지속적으로 등장하는 자극적인 문구와 이미지는 우리가 거주해야 할 아바스타나를 파괴하고, '나-자신이 아닌 것'에 몰입하도록 유도한다.

선진 개인은 자신을 관찰하는 사람이다. 선진 사회와 선진 국가는 그런 개인들의 집합이다. 후진 개인은 시선을 남에게 고정해 부러워하고 시기한다. 그러고는 어떻게든 그가 저지른 잘못을 찾아내려 한다. 후진 사회와 후진 국가는 그런 개인의 합이다.

자신에게 몰입하지 못하는 사람일수록 시선을 타인에게 고정한다. 이 시선은 두 가지의 파괴적인 감정을 초래한다. 바로 선망과 시기다.

부러움은 고유한 자신을 남들과 비교함으로써 생겨나는 심리다. 고대 로마인은 이런 부러움을 라틴어로 '인비디아(invidia)'라고 했다.

전쟁에서 승리한 로마 장군들이 집으로 돌아올 때 전차에 남성 성기 모양의 인형 '파시누스(fascinus)'를 달았는데, 이는 로마 장군을 부러워하는 사람들의 강렬한 선망의 눈길을 주술적으로 방지하기 위한 부적이었다. 이 선망의 눈길이 바로 인비디아다.

자신에게 몰입하지
못하는 사람일수록
시선을 타인에게 고정한다.
이 시선은 두 가지의
파괴적인 감정을 초래한다.
바로 선망과 시기다.

부러움을 뜻하는 영어 '엔비(envy)'는 바로 이 단어에서 파생했고, 인비디아는 '어떤 대상을 넘을 놓고 보다'라는 의미의 라틴어 동사 '인비데레(invidere)'에서 파생했다. 인비데레는 '보다'를 의미하는 '비데레'와 '~앞으로 깊이 들어가'라는 의미의 접두사 '인'의 합성어다.

인비디아는 자신에게 온전히 몰입하지 못하고 다른 사람이 가진 부와 권력 혹은 명예를 부러워하는 마음이다. 한자로 남을 부러워하는 마음을 선망(羨望)이라고 한다. '부러워할 선(羨)'은 다른 사람이 가진 '양(羊)'을 탐해서 저절로 '침(次)'이 흘러나오는 것을 뜻한다.


아리스토텔레스는 이 선망을 『니코마코스 윤리학』이라는 책에서 '고통'으로 설명한다. 선망은 어느 순간에 이르면 단순히 부러움을 넘어 자기 자신의 고통으로 진화한다. 나 스스로가 행운과 안녕의 기준을 마련하지 못하면, 다른 사람이 만든 행운과 안녕이 나의 기준이 될 수밖에 없다.

선망이 깊어지면, 남과 비교함으로써 나의 삶을 불행하다고 느낄 뿐 아니라 다른 사람에게도 불행이 닥치기를 원하는 부정적인 마음이 싹튼다.

선망의 상태가 한동안 방치되면 선망은 시기라는 부정적인 감정으로 자리 잡는다. 그리고 시기는 다른 사람들이 당하는 어려움, 실패 그리고 창피함을 통해 쾌락을 느끼는 괴물 같은 감정으로 변한다.

아리스토텔레스는 이 감정을 그리스어로 '에피카이레카키아(epichairekakia, ἐπιχαιρεκακία)'라고 불렀다. 독일어로는 '샤덴프로이데(Schadenfreude)'라고 한다. 독일 철학자 쇼펜하우어는 샤덴프로이데를 인간의 감정 중 폭력과 살인을 동원하는 가장 악한 마음으로 해석했다.

소크라테스, 붓다, 예수, 아우구스티누스, 단테, 갈릴레오, 미켈란젤로, 베토벤, 모차르트, 니체, 아인슈타인 그리고 비트겐슈타인과 같은 위인들에게는 하나의 공통점이 있다. 그들은 자신을 남들과 비교하지 않았다.

그들은 남을 흉내 내고 시기하라고 유혹하는 강력한 소용돌이 속에서도 완벽한 상냥함과 내적인 고독을 유지했다. 그들은 누구를 시기하거나 질투하지도 않았다. 그들의 선망의 대상은 오늘 저녁에 완성될 '더 위대한 나-자신'이기 때문이다.

3부

# 추상
## 抽象

본질을
찾아가는
훈련

여행자는 자신의 고향을 그리워한다.

그는 방랑을 통해

고향이 얼마나 소중한지 깨닫는다.

찰스 디킨스

# 귀향
## 歸鄉

내가 돌아가야 할 곳

나는 5년 전 시골로 이사를 왔다. 새로운 삶을 시작하겠다는 표시로 마당 가운데에 능수벚나무 한 그루를 심었다. 아침에 깨어 하얀 방석 위에 좌정하면 창밖으로 그 나무가 보인다. 능수벚나무는 하루도 빠짐없이 무심하게 나를 지켜보는 스승이다.

능수벚나무는 4월이 되면 인간이 만든 어떤 색으로도 표현할 수 없는 분홍색 꽃을 피우고, 6월에는 검푸른 열매를 맺는다. 그러고는 6월부터 8월 말까지 이름 모를 새들을 자신의 가지로 초대한다. 그 새들은 하루 종일 능수벚나무의 태연(泰然)함을 자신들의 목소리로 힘껏 찬양한다.

10월이 되면 능수벚나무는 서서히 죽음을 준비한다. 새로운 봄의 부활을 위한 준비다. 능수벚나무는 매일매일 자신의 몸에서 아낌없이 잎사귀들을 떨궈낸다. 끈질기게 매달려있는 몇몇의 나뭇잎들도 곧 자신들이 뿌리 내린 저 땅속으로 향해 가야 한다는 사실을 잘 알고 있다.

자연은 참으로 신비롭다. 인간의 지성을 뛰어넘는 우주의 섭리를 매순간 묵묵히 수행한다. 그리고 주어진 시간 안에서 알맞게 변화한다.

지구는 언제부터 우리에게 사계절을 선사했을까? 능수벚나무의 자발적인 변화무쌍이 자연스러운 것 같지만 사실 그 처음은 폭력적이었다.

우리가 기억할 수 없는 까마득한 최초의 시간에 태양 주위를 회전하던 가스와 먼지가 응집됐다. 왜, 어떻게, 무엇을 위해 그랬는지는 아무도 알 수 없다. 결과적으로 지구의 조상이 된 '초기 지구(初期地球)'가 그렇게 탄생했다.

이 행성은 끊임없는 화산 폭발로 바다와 대기를 만들었지만 아직 산소가 없어서 생물이 살 수 없었다. 그러나 신의 섭리인지, 우연인지 '테이아(Theia)'라는 화성만 한 크기의 행성이 이 행성과 충돌해 지구가 탄생했다고 알려져 있다.

테이아는 상상할 수 없는 많은 양의 얼음을 우주에서 가져와 지구에 물과 산소를 선사해 생물이 태어날 수 있는 환경을 만들었다.

그리고 테이아와 행성이 부딪혀 또 하나의 행성이 만들어졌
는데, 그것이 달이다. 지구는 그 후 10억 년 동안 천지개벽
같은 변화의 시기를 거친다. 그리고 지금으로부터 35억 년
전에 처음으로 생명이 탄생한다.

우리가 사는 지구가 수직면에서 23.5도 기울어진 것은 테이
아와 행성의 충돌 때문이다. 이 자전축 기울기는 지구에게
사계절이라는 변화를 선물했다. 지구는 남북극을 연결한 직
선 축을 중심으로 하루에 한 바퀴씩 자전한다.

사계절은 태양이 우주 안에서 움직이는 공전, 그리고 그것
과 호흡을 맞춰 기울어진 채로 태양 주위를 도는 지구의 자
전, 그리고 달과 지구의 중력 등이 어우러져 만들어낸 우주
최고의 예술이다. 지구의 기울기는 신비한 우연인 동시에
지구에 존재하는 모든 생물의 삶의 원칙이다. 기울기는 곧
지구의 생명축이다.

사계절은 우주 안에 존재하는 모든 생물을 지배하는 시간
과 공간의 자연스러운 흐름이다. 사계절은 고대 히브리어로

'모에드(moed, מוֹעֵד)'다. 이 단어는 사계절에 담긴 심오한 의미를 그대로 간직하고 있다.

모에드는 '야아드(ya'ad)'라는 히브리 동사의 현재 능동분사형이다. 야아드는 '내가 이 순간에 해야 할 유일무이한 일을 완수하다'라는 의미다. 그 유일무이한 일은 이미 테이아가 초기 지구와 충돌했을 때 만들어진 시간의 흐름, 즉 사계절이다.


자연은 사계절이 정한 운명의 순서를 묵묵히 수행한다. 그것이 삼라만상의 임무다. 사계절을 의미하는 라틴어 '템푸스(tempus)'도 그 의미가 유사하다. 템푸스는 '어떤 임무를 완수하도록 분리된 것'이라는 뜻이다.

사계절은 내가 잊고 있던 숭고한 임무를 상기하고 발견하고 결심하는 시간의 마디다. 대나무가 마디를 완성하지 않고 하늘 높이 자라날 수 없듯이, 사계절은 내가 해야 할 임무를 상기시켜주는 엄격한 회초리다.

사계절은 ——

내가 잊고 있던 숭고한 임무를
상기하고 발견하고 결심하는 시간의 마디다.
대나무가 마디를 완성하지 않고
하늘 높이 자라날 수 없듯이,
사계절은 내가 해야 할 임무를 상기시켜주는
엄격한 회초리다.

고대 그리스의 영웅 오디세우스는 트로이 전쟁에 참전해 승리를 거둔 뒤 고향으로 돌아가는 데 10년이라는 세월이 걸린다. 그의 귀향을 방해하는 괴물들을 하나씩 물리쳐야 했기 때문이다. 그에게 귀향은 트로이 전쟁보다 훨씬 힘든 여정이었다.

기원전 8세기, 호메로스는 『일리아스』와 『오디세이아』에서 인간이 추구해야 할 두 가지 최고의 가치를 찬양했다.

그 중 하나는 『일리아스』의 주인공 아킬레우스를 통해 구현된 명성(名聲)이다. 명성은 고대 그리스어로 '클레오스(kleos, κλέος)'다. 클레오스는 '다른 사람이 나에 대한 명성을 듣다'라는 의미의 그리스어 동사 '클루에인(kluein)'에서 왔다.

보통 인간은 자신에 관한 구설수나 소문을 가지고 살아간다. 그러나 특별한 사람들, 위대한 사람들에게는 그들이 죽더라도 영원히 부패하지 않는 명성이 존재한다. 그들은 명성을 위해 기꺼이 목숨까지 바친다. 고대 시인과 성인들은 영웅이 가진 명성을 찬양해왔다.

호메로스가 말한 또 하나의 가치는 바로 귀향(歸鄕)이다. 그는 『오디세이아』의 주인공 오디세우스를 통해 명성보다 소중한 가치인 귀향을 찬양한다.

전쟁에서 명성을 얻은 오디세우스는 더 이상 걱정할 일이 없었다. 그러나 명성보다 더 힘든 영웅적인 전투가 남아 있었다. 바로 자신의 고향 이타카로 안전하게 돌아가 자신의 본래 자리인 왕으로서의 본분을 다하는 일이었다.

오디세우스가 고향으로 돌아오기까지는 꼬박 10년이 걸렸다. 그가 자신의 회귀를 방해하는 수많은 유혹과 괴물들을 물리칠 수 있었던 것은 고향에 남겨둔 사랑하는 아내 페넬로페와 아들 텔레마코스 때문이었다. 고향에는 그의 아내를 빼앗고 아들을 살해해 이타카의 정권을 쥐려는 수많은 찬탈자가 기다리고 있었다.

귀향은 고대 그리스어로 '노스토스(nostos, νόστος)'라고 부른다. 자신의 뿌리로 돌아가는 일이므로 '귀근(歸根)'으로 번역해도 괜찮다. 거북이나 연어가 알을 낳기 위해 자신의 목숨을 담보로 회귀하는 둥지이기도 하다. '둥지'를 의미하는 영어 '네스트(nest)' 혹은 '고향을 그리워하는 마음'인 '노스탤지어(nostalgia)'와 어원이 같다.

노스토스는 인생이라는 여정의 시발점인 동시에 종착점이다. 능수벚나무 나뭇잎들이 가을이 되면 시절을 좇아 나무뿌리가 있는 땅속을 향해 떨어지듯이, 오디세우스도 남들이 부러워할 명성을 얻은 뒤 자신의 뿌리가 있는 고향으로 향한다. 그래야 순환의 섭리에 따라 다시 시작할 힘을 얻을 수 있기 때문이다.


생물은 어김없이 사계절에 따라 변화하거나 자신의 근본을 찾아 이주한다. 사계절은 겨울의 죽음을 준비하고 봄의 탄생을 기원하는 추석에서 시작한다. 추석은 자신이 있어야 할 근본을 찾아가는 이주(移住)의 시간이다.

동물들은 계절에 따라 상상을 초월할 만큼의 거리를 이동한다. 전 세계 1만 종 이상의 새들 중 약 1800종이 장거리 비행을 감행한다. 이들 대부분은 여름이면 북쪽으로 수백 킬로미터 거리를 이동하고, 겨울이면 다시 남쪽으로 수백 킬로미터를 이동한다.

새들 중 가장 유명한 종은 북극제비갈매기다. 북극제비갈매기는 북극에서 알을 낳은 뒤 남극으로 무려 1만 9000킬로미터를 왕복 비행한다. 이 비행은 목숨을 담보로 한 죽음의 이주인 동시에 새로운 생명을 위한 탄생의 이주다. 또한 곰들은 나무나 바위 밑 깊은 곳으로 이주해 죽음을 연습한다. 곰들은 가사(假死) 상태로 겨울 내내 잠을 잔다.

인간도 예외는 아니다. 인간의 이주는 매우 특별하다. 자신을 존재하게 만든 부모를 찾아가 감사드리는 의례를 행한다. 그리고 자신도 머지 않아 부모가 되고 흙으로 돌아갈 것을 반추한다.

추석은 부모님이 계신 고향으로의 이주뿐 아니라 우리 스스로의 존재 의미를 찾아가는 구별된 시간이다. 추석은 가을날의 능수벚나무처럼 모든 잎사귀를 땅에 떨어뜨리는 신비한 시간이며, 곰이 땅속 깊이 들어가 죽음을 연습하는 때다.

이 시간은 겨울을 견뎌 새싹이 트고 긴 잠에서 깨어나기 위한 필수불가결한 과정이다. 우리는 이 시간을 견디기 위해 스스로 단순해져야 한다.

귀향은 나의 근본을 반추하는 수련의 시간이다. 그것이 나를 위한 최선의 선택이기 때문이다. 당신은 어떤 이름으로 기억되기를 희망하는가? 그 명성을 위해 오늘을 처음이자 마지막인 듯 수련하고 있는가?

겨울의 한가운데에서,
나는 내 안에 불굴의 여름이 있다는 사실을
마침내 깨달았다.

알베르 카뮈

동지

冬至

절망이 희망으로 변하는 시간

현생인류의 조상인 호모 사피엔스는 29만 년 동안 사냥과 수렵으로 떠돌아다니며 연명했다. 불과 1만 년 전에 마지막 빙하기가 끝나고 기후가 따뜻해지면서 그들은 농업을 발견해 정착했다. 우리의 몸속에는 수렵-사냥인들의 DNA가 여전히 남아 있다.

훗날 인류는 모여 살기 시작하면서 다른 사람과 소통하며 집단 지성을 발휘했다. 문자를 고안하고 도시를 구축하며 문명을 만들었다.

하지만 그 이전까지 우리는 자연이 허락한 자비(慈悲)에 전적으로 의존할 수밖에 없었다. 당시 인류의 생존을 근본적으로 위협하는 괴물은 바로 추위였다. 그때만 해도 유럽 전체는 수십 미터 두께의 빙하로 덮여 있었다.


눈보라가 몰아치는 혹독한 겨울의 중심에는 밤의 길이가 가장 길다는 동지가 있다. 동지는 지구의 북반구에서 낮의 길이가 가장 짧고 밤의 길이가 가장 긴 날로, 대개 12월 21일이다.

정적인 동양인들은 이날을 '겨울의 한가운데'라는 뜻의 '동지(冬至)'라고 불렀고, 역동적인 서양인들은 날이 너무 추워 항상 움직이던 '태양조차 정지되어' 모든 생물들을 죽게 만들 것 같다고 해서 '살스티스(solstice)'라고 불렀다.

인류의 조상들은 수십만 년 동안 이날을 가장 중요한 축제일로 기념했다. 동지는 밤의 길이가 가장 긴 날이지만 동시에 밤의 길이가 짧아지기 시작하는 날이다.

인류는 이날을 통과하지 않고는 생존할 수 없었다. 동지는 영원히 지속될 것만 같은 절망의 시간인 동시에 성큼성큼 다가오는 희망의 신호이기도 하다.


동지와 관련한 유명한 이야기가 있다. 그리스도교 경전인 복음서에 기록되어 있는 예수의 탄생과 '동방박사'라고 불리는 신비한 사람들에 관한 이야기다.

예수의 탄생 이야기는, 네 권의 복음서 중 가장 먼저 기록되었다는 「마가복음」(기원후 70년)이나 가장 후에 기록된 「요한복음」(기원후 120년)에서는 찾을 수 없다. 「마태복음」과 「누가복음」에만 예수의 탄생 이야기가 기록되어 있다.

아마도 이 두 권의 저자들은 동방박사 이야기가 그리스도교의 정체성에 중요하다고 판단한 모양이다. 예수의 탄생 이야기는 인류가 오랫동안 간직해온 동지와 깊이 연결되어 있다. 이 이야기에 등장하는 가장 신기한 인물은 동방박사다. 이들의 역할은 고대 페르시아 종교를 통해 추적해볼 수 있다.


페르시아에서는 기원전 7세기 자라투스트라(Zarathustra)라는 예언자가 등장해 빛의 신인 아후라 마즈다(Ahura Mazdah)를 찬양하고, 어둠의 신인 앙그라 마이뉴(Angra Mainyu)를 배척하는 종교를 설파했다.

'자라투스트라'라는 말은 고대 페르시아어로 '늙은 낙타를 가지고 있는'이라는 뜻이다. 그가 낙타를 타고 대상 무역에 종사했던 사람이라는 사실을 유추할 수 있다.

자라투스트라가 주장한 종교는 다리우스 대왕에 의해 수용되어 페르시아 제국의 종교가 된다. 이 종교를 '마즈다교

(Mazdaism)'라고 하며, 이 종교의 사제를 '마구스(maguš)'라고 한다. 한국어 성서에 동방박사로 번역된 이들이 바로 마구스다.

마구스는 하늘의 별을 보고 점을 치는 점성술사이기도 했다. 그래서인지 후대 그리스인들은 자라투스트라라는 이름을 '별(aster)을 관찰하는(zoro) 사람'이라는 의미로 잘못 번역해 '조로아스터(Zoroaster)'라고 불렀다.

동방박사는 마구스를 잘못 번역한 단어다. 좀 더 적절한 번역은 '무당(巫堂)'이다. 일부 학자들은 조로아스터교의 사제를 의미하는 고대 페르시아어 '마구스(ᴗᴨᴋᴇᴤᴣ)'가 중국으로 들어와 오늘날 '무당 무(巫)'가 되었다고 주장한다.

왜 「마태복음」과 「누가복음」의 저자들은 예수의 탄생 이야기에서 조로아스터교의 사제인 마구스의 이야기를 중요하게 다루었을까?

동방박사 세 명이 밤하늘에 뜬 신비한 별을 관찰했다. 그들은 별을 따라 페르시아에서 이스라엘의 베들레헴으로 왔다.

그들은 살을 에는 듯한 추위가 지속되는 한밤에, 더 이상 태양이 뜰 것 같지 않은 암흑과 같은 밤에 한없이 빛나는 별을 보았다. 이 별의 등장은 밤이 짧아지고 낮이 길어진다는 신호이기도 하다.

동지는 낮의 길이가 가장 길다는 하지로 가는 긴 여정의 시작이다. 하늘의 별은 우리가 만질 수는 없지만 밤이면 스스로를 드러내 인간에게 자신만의 빛을 보내는 존재다.

동방박사들은 그 별을 통해 신이 인간으로 태어났다는 복음을 발견했다. 그 별은 혹독한 겨울밤을 비추는 희망의 별이었다. 끝이 보이지 않는 깊은 어둠 속에서 우리는 무엇으로 희망의 별을 발견할 수 있을까?

끝이 보이지 않는
깊은 어둠 속에서

우리는 무엇으로
희망의 별을
발견할 수 있을까?

내 손에는 정과 망치가 있다.

나는 이 커다란 돌에서

쓸데없는 것들을 덜어낼 것이다.

미켈란젤로

추상
抽象

나만의 개성을 찾는 연습

성서는 다음과 같은 장엄한 선포로 시작한다. "태초에 신이 우주를 창조했다." 이 문장을 풀어쓰면 다음과 같다. '신이 처음이라는 재료를 가지고 우주를 가장 단순하면서 완벽한 형태로 만들었다.' 신은 형태도 없고 비어 있는 '처음'이라는 혼돈을 가지고 새로운 질서인 우주를 만들어냈다.

'창조하다'에 해당하는 히브리어는 '바라(bara)'다. 성서에 등장하는 첫 번째 동사 바라의 구체적인 의미는 '더 이상 덜어낼 게 없는 가장 경제적이며 단순한 모습으로 만들다'이다. 다시 말해 '조각하다'이다.

히브리어처럼 지금은 사어(死語)가 된 언어를 번역하는 데 어려운 점은 히브리어 안에서 다양한 의미를 지닌 바라와 같은 단어를 대응할 단어가 없다는 것이다.

A라는 언어와 B라는 언어가 같은 사물이나 생각을 지칭하는 단어라 할지라도, 그 단어들은 오랜 역사를 통해 자신만의 다양한 의미를 획득한다.

한 단어의 사전적인 의미는 다양할 수밖에 없다. 따라서 그

의미는 문맥을 통해 추적해야 한다. 히브리어의 어떤 단어
는 한국어로는 서로 전혀 다른 의미이면서, 동시에 둘 다를
의미할 수도 있다.

히브리어 바라는 현대인이 보기에 서로 다른 의미를 지닌
다. 바라의 첫 번째 의미는 '창조하다'이다. 창조하다의 의
미로 사용될 때 주어는 항상 신이다. 이 의미의 특징은 이른
바 '무에서의 창조(creatio ex nihilo)'다.

조각은 어떤 대상을 빚고자 하는 조각가의 생각에서 만들어
진 작품이다. 조각품은 예술가가 상상한 세계에 대한 가감
없는 표현이다.

바라의 두 번째 의미는 '자르다/덜어내다'이다. 학자들은
이 둘이 서로 다른 어원이라고 주장하기도 하지만 창조하다
와 덜어내다는 긴밀하게 연결되어 있다. 창조적인 삶은 필
요 없는 것들을 매일매일 걷어내는 행위다.

사람들이 미켈란젤로에게 다윗의 조각상을 어떻게 만들었
는지 묻자 "다윗을 재현하기 위해 다윗의 몸에 붙어 있지 않

을 것 같은 돌들을 쪼아냈지"라고 대답했다고 한다.

창조는 삶에서 본질적이지 않은 것들, 도덕이나 종교가 우리의 동의도 없이 돌에 새겨 넣은 것들을 과감히 잘라내고 단절하는 용기에서 시작한다.


이슬람 전통에서도 바라와 같은 단어가 있다. 무슬림들은 일생에 한 번 메카로 순례를 떠나는데, 메카로 들어가기 전에 몸을 정결히 한 후, 일상적인 옷을 벗고 '이람(ihram)'이라는 특별한 옷을 입는다.

무슬림들의 도복은 이음매가 없고 바느질한 흔적이 없는 흰색의 옷이다. 그들은 한 달간의 라마단 기간에 이 옷을 입고, 신이 자신에게 맡긴 임무를 새롭게 깨닫는다.

이람은 라마단 기간에 무슬림들이 가져야 할 마음가짐이기도 하다. 이람의 어근인 '*ḥ-r-m'은 셈족어로 '고귀한 임무를 수행하기 위해 쓸데없고 부차적인 것을 파괴하다'라는 의미다.

무슬림들은 이람을 입음으로써 새롭게 태어나기 위해 과거의 자신을 유기하겠다는 결의를 드러낸다. 또한 이람은 무슬림들이 자신의 장례식에서 입을 옷이기도 하다. 그들은 이 옷을 입고 죽음을 미리 경험함으로써 새롭게 태어나겠다는 다짐을 한다.

추상이란 자신에게 몰입해 나만의 개성을 찾는 훈련이며, 그 개성이 바로 고유(固有)다. 이 단어의 '굳을 고(固)'는 에워싼 공간을 뜻하는 한자 부수 '큰입구몸(口)'과 '옛 고(古)'의 합성어다. 이 단어는 예부터 전해져온 것이 굳어져 자기만의 전통이 됐음을 의미한다. 이러한 고유야말로 나를 온전하게 만들고, 나를 만족시킨다.

고유함은 세상에 둘도 없는 나만의 선율이다. 그 선율에 몰입해 연주할 때 나의 고유함은 매일 새롭게 변화하는 보석같이 빛난다.

나는 오늘도 나 자신으로 살기 위해 무엇을 덜어내고 잘라내야 하는가? 인생의 첫날이나 마지막 날처럼 살기 위해 나는 무엇을 해야 하는가? 나만의 고유함은 무엇인가?

사람들이
미켈란젤로에게
다윗의 조각상을
어떻게 만들었는지
물었다.

그러자 그는 대답했다.

"다윗을 재현하기 위해
다윗의 몸에 붙어 있지
않을 것 같은 돌들을
쪼아냈지."

창조는
삶에서
본질적이지
않은 것들,

도덕이나 종교가
우리의 동의도 없이
돌에 새겨 넣은 것들을
과감히 잘라내고
단절하는 용기에서
시작한다.

문법은 내가 귀로 연주하는 피아노다.

조앤 디디온, 작가

# 문법
## 文法

순간을 가치 있게 만들어주는 마술

1993년 3월, 나는 하버드대학 와이드너 도서관 5층의 고대 근동학 방에 초조하게 앉아 있었다. 수메르 신화를 읽는 첫 수업이었다.

언어를 전공하는 교수들과 학생들의 아지트인 그곳의 이름은 '룸-G'다. 그곳은 고대 이집트어 성각문자와 바빌로니아, 히타이트 그리고 페르시아 쐐기문자와 관련된 도서들로 가득 차 있는 신기한 창고였다. 20평 남짓한 그 방은 색이 바랜 가죽 양장의 고서들로 가득 차 있었다.

내가 그곳을 아직도 생생하게 기억하는 이유는, 그곳의 책들이 저마다 아득히 먼 과거로부터 가져온 고유의 냄새를 지니고 있었기 때문이다.

방의 중앙에는 열 명 정도가 둘러앉아 공부할 수 있는 직사각형의 원목 책상이 놓여 있었고, 책상에는 판독 불가능한 난해한 낙서들이 가득 차 있었다.

나는 다른 세 명의 학생들과 함께 전설적인 명성의 교수를 기다리고 있었다. 그의 이름은 톨키드 야콥슨(Thorkild

Jacobsen)이다. 야콥슨 교수는 수메르어 토판 문서들을 발굴하고 판독하고 번역하는 데 매우 중요한 역할을 한 학자다. 그는 1974년에 이미 학교를 은퇴했지만 2주에 한 번씩 노구를 이끌고 와 그곳에서 수메르어를 가르쳤다. 그의 키는 190센티미터가 넘었다. 그를 처음 본 순간, 메소포타미아의 전설적인 영웅 길가메시(Gilgamesh)가 떠올랐다.

수메르어는 인류 최초의 문자다. 기원전 3300년경, 메소포타미아 남부 지역에서 그림 글자 형태로 등장했다.

초기 인류는 유프라테스 강과 티그리스 강의 둑에 쌓아 올린 진흙을 네모난 모양으로 다듬었다. 그들은 표면이 아직 굳지 않은 그 토판 위에 갈대나무 가지로 자신의 생각을 형상화했다. 후대 사람들은 이 문자가 마치 '못'과 같이 생겼다고 해서 쐐기문자라고 불렀다.

야콥슨 교수는 쐐기문자가 새겨진 토판을 들고 와 학생들에게 차례로 읽고 해석하라고 했다. 토판에는 수메르 여신 인안나(Inanna)가 왕권을 차지하기 위해 지하 세계로 내려간다는 내용이 담겨 있었다.

내가 할 일은 우선 그 신기하게 생긴 쐐기문자를 하나하나 정확하게 외우고 필사하는 것이었다. 예를 들어 '집'이라는 명사는 수메르어로 '에(É, 𒂍)', '위대한/큰'이라는 형용사는 '갈(GAL, 𒃲)'이다. 그리고 '큰 집/신전'이라는 단어는 이 두 단어를 합쳐 '에-갈'이다.


단어를 개별적으로 구별해 학습하기 전까지는 모든 수메르 문자들이 똑같아 보였다. 그러나 같은 단어를 여러 번 써보고 암기하다 보니 글자들이 눈에 들어올 뿐만 아니라 각각의 단어들이 구별되기 시작했다. 수메르어 공부는 나에게 인생을 지탱하는 두 가지 가치를 알려주었다.

첫 번째 가치는 근면이다. 수메르어는 평소 사용하는 언어가 아니다 보니 규칙적으로 예습과 복습을 반복해야만 한다. 매일 일정한 시간을 바쳐 정성을 보일 때 수메르어는 자신이 담고 있는 오묘한 깨달음을 조금씩 알려준다. 근면을 통해 나는 '내가 매일 생각하고 말하고 행동하는 것이 곧 나 자신'이라는 사실을 알게 됐다.

두 번째 가치는 겸손이다. 아무리 공부해도 모르는 것이 늘 존재하기 때문에 자만은 금물이다. 수메르어를 배우면 배울 수록 모르는 것들도 그만큼 많아졌다. 소크라테스가 "내가 아는 유일한 사실은 내가 아무것도 모른다는 것이다"라고 고백한 심정을 이해할 수 있을 것 같았다.


고대 그리스에서는 새로운 언어 체계를 배우는 학문을 '그 람마(gramma, γράμμα)'라고 불렀다. 그람마는 원래 '그라마 티케 테크네'의 준말로 '글자를 배치하는 기술'이라는 뜻 이다.

그람마는 단순한 단어 나열이 아니다. 그것은 단어들을 전 략적으로 배치하는 기술이다. 배치에는 순서가 있어야 하 고, 강조를 위한 침묵의 공간도 있어야 한다. 그람마는 곧 최적의 배열이다. 그래야 그 문장이 감동적이며 아름답다.

동양에서는 그람마를 문법(文法)이라고 한다. 문법은 어떤 언어가 소통의 수단이 되기 위해 오랜 기간 갈고 닦은 원칙이다. 문법은 눈으로 볼 수 없는 그 언어만의 내공이며 무늬다. 단어들은 문법을 통해 언어로 완성되어 우리에게 희로애락이라는 감정을 전달한다. 법이란 보이지는 않지만 문자들을 지배하는 도덕이며 규율이다. 그 법 없이 문자들은 존재할 수 없다.

1993년 5월, 나와 동학들은 평소처럼 '룸-G'에서 야콥슨 교수를 기다렸다. 하지만 그는 끝내 나타나지 않았다. 처음 있는 일이었다.

그날 저녁 《뉴욕타임스》에서 야콥슨 교수의 부고(訃告)를 읽었다. 세계적인 수메르학자 야콥슨이 책상에 앉아 수메르 문헌을 읽던 중 영면했다는 내용이었다. 그의 삶은 수메르어 문법처럼 간결하고 강력했다.

그는 자신에게 최선인 삶의 문법을 찾은 도인이었다. 나도 그처럼 나의 삶을 숭고하게 표현할 문법을 가지고 있는지 문득 의문이 든다. 그 문법을 통해 세상에 '나'라는 아름다운 시를 낭독할 수 있을까?

문법은 어떤 언어가
소통의 수단이 되기
위해
오랜 기간 갈고 닦은
원칙이다.

문법은
눈으로 볼 수 없는
그 언어만의
내공이며 무늬다.

예술의 어머니는 건축이다.
우리 자신을 건축하지 않으면
문명에는 영혼이 없을 것이다.

프랭크 로이드 라이트, 건축가

# 건축
## 建築

내가 만들어갈 인생이라는 작품

인생은 건축이다. 우리 모두는 자신이 원하는 인생이라는 집을 설계하고 짓는 건축가다. 그런데 우리는 저마다 스스로 감동할 만한 집의 설계도를 가지고 있을까? 어쩌면 다른 사람이 그려놓은 설계도를 훔쳐보며 허둥지둥 집짓기를 흉내 내고 있을지도 모른다.

미래에 내가 거주할 집은 지금 이 순간 내가 의도한 상상을 설계를 통해 물질로 옮겨놓은 것이다. 우리는 그것을 건축(建築)이라고 한다.


인류는 건축이라는 단어를 어떻게 표현했을까? 건축이라는 단어를 맨 처음 사용한 사람은 수메르 시대의 '우르-남무(Ur-Nammu)' 왕이다.

기원전 21세기, 우르-남무는 오늘날 이라크 남부 지역 우르에 새로운 왕조인 우르 3왕조를 건립했다. 그는 신전 건축을 통해 수메르의 르네상스를 일으켰다.

그는 춘분이면 신전에 모든 수메르인을 모아놓고 신년 의례를 행하며 우르의 주신인 달의 신 난나(Nanna)에게 제를 올렸다. 이 건축물이 '지구라트(ziggurat)'다. 지구라트는 바빌로니아인이 만든 용어로 '쌓아올린 건축물'이라는 뜻이다.

우르-남무는 자신이 건축한 지구라트를 '에-테멘-니-구루'(É-TEMEN-NÍ-GÚRU, 𒂍𒋼𒈪𒅗)라고 불렀다. 이 수메르어를 번역하면 '주춧돌(테멘)이 숭고한 아우라(니)를 풍기는(구루) 집(에)'이라는 뜻이다.

수메르어 '테멘(TEMEN)'은 하늘과 땅이 하나 되는 우주의 배꼽으로 '다른 곳과는 구별된 장소'라는 의미다. '주춧돌'을 의미하는 이 최초의 단어는 고대 그리스로 수출되어 델피 신전의 거룩한 경내를 의미하는 단어 '테메노스(temenos)'가 됐다.

주변과는 구분된 장소이므로 그곳에는 주춧돌이 존재한다. 인간이 그곳을 정성스럽게 대하면 그곳에서는 다른 장소와 구별되는 내적인 힘, 아우라가 생긴다.

지구라트는 중앙 바닥에서 시작해 하늘로 향하는 길이 64미터의 계단으로, 너비는 45미터, 높이는 30미터다. 현재 남아 있는 지구라트는 그 기초 부분으로 원래의 높이가 얼마였는지는 알 수 없다.

1930년대, 영국의 고고학자 레나드 울리(Leonard Charles Woolley)는 이곳에서 우르-남무가 남긴 지구라트 건축에 관한 수메르어 비문을 발견했다. 그 비문을 번역하면 다음과 같다.

엔릴(대기의 신)의 장자, 난나(달의 신)를 위해 그의 왕이며 용감한 장수, 우르 도시의 주인이며 우르 도시의 왕, 그리고 수메르와 아카드의 왕인 우르-남무가 난나가 사랑하는 신전인 '에-테멘-니-구루'를 건축했다. 그는 난나를 위해 신전을 마땅히 있어야 할 자리로 되돌려놓았다.

이 비문에서 우르-남무는 '건축하다'라는 단어로 '두(dù)'라는 수메르 동사를 사용했다. 수메르어 동사 '두'는 '만들다/건축하다/짓다'라는 의미다.

우르-남무는 마지막 문장에서 건축이라는 의미를 부연 설명했다. "그는 신전을 마땅히 있어야 할 자리로 되돌려놓았다." 우르-남무에게 건축이란 '마땅히 있어야 할 자리를 찾아 그 원형을 회복하는 작업'이었다.

수메르어로 '마땅히 있어야 할 자리'는 '키(𒆠)'라고 한다. 메소포타미아 문명에서 '키'는 후대에 등장하는 셈족 문명인 바빌로니아와 아시리아에 영향을 주어, 건축뿐 아니라 법률, 천문학, 의학과 같은 다른 학문에도 영향을 끼쳤다. '키'는 사람이 아닌 만물이 당연히 있어야 할 장소다. 우르-남무는 지구라트를 건설할 때 그 장소를 발견해 그곳을 '재건축'한 것이다. 수메르인은 건축을 새로운 것을 만드는 것이 아니라 우주의 원칙을 원래 자리로 되돌려놓는 일이라고 여겼다.

건축의 영어 단어 '아키텍처(architecture)'는 '아르키(archi)'와 '텍처(tecture)'의 합성어다. 텍처는 인도-유럽어 어근 '텍(*teks-)'에서 파생한 단어로 '엮다 / 얽어 짜다 / 한데 꼬이게 하다 / 생산하다 / 저술하다 / 자식을 낳다'라는 뜻이다.

수메르인은 건축을 새로운 것을 만드는 것이
아니라 우주의 원칙을 원래 자리로
되돌려놓는 일이라고 여겼다.

기술이란 어떤 새로운 것을 만드는 행위가
아니라 자연에 존재하는 이질적인 요소들을
융합하는 솜씨다.

라틴어 텍툼(tectum, 엮어서 만든 지붕), 티구눔(tigunum, 나무나 돌을 이용해 지붕을 떠받치는 빔), 텍스투스(textus, 씨줄과 날줄을 엮어 만든 텍스트) 모두 이 단어에서 파생했다.

또한 그리스어 틱토(tiktō, 남녀가 하나 되어 자식을 낳는 행위), 테크네(technē, 서로 이질적인 것을 엮어 새로운 것을 창출하는 기술)도 이 단어의 자식들이다.


기술이란 어떤 새로운 것을 만드는 행위가 아니라 자연에 존재하는 이질적인 요소들을 융합하는 솜씨다. 기술을 의미하는 그리스어 테크네가 흔히 예술을 의미하는 라틴어 '아르스(ars)'로 번역되는 것은 우연이 아니다.

'텍'을 물질로 만들어 사람들에게 보여주는 사람을 그리스어로 '테크톤(tektōn, τέκτων)'이라고 부른다. 테크톤은 후에 '나무를 잘 다루는 사람/목수'으로 한정되어 사용되었는데, 원래는 새로운 것을 만드는 사람을 뜻한다. 시인, 운동선수, 의사, 작가, 기획자, 건축가가 모두 테크톤이다.

테크톤은 새로운 경지를 열어 일가를 이룬 사람으로 아티스트라고 불러도 무방하다. 테크톤이 단순 기술자를 넘어 자신에게 주어진 삶에서 최선을 수련하는 예술가가 되기 위해서는 꼭 필요한 원칙이 있다. 이것이 아키텍처의 첫 번째 요소인 '아르키'다.

아르키는 인도-유럽어 어근 '에르그(*h₂ergh)'에서 파생했다. 이 어근의 첫 번째 의미는 '시작'이다. 생명의 시작은 혼돈의 상징인 어머니의 자궁에서부터다.

태아는 온전한 신체를 가지고 태어나기 위해 일정 기간 동안 반드시 그곳에 거주해야 한다. 그래야 세상에 나와 자기 자신을 다스릴 수 있다.

에르그의 두 번째 의미는 '새로운 길로 인도하다/다른 사람을 이끌다' 혹은 '자기 자신의 주인이 되다'라는 의미다.

아르키는 신기하게도 수메르어의 '키'와 의미가 같다. 우주 안에 존재하는 모든 만물이 마땅히 있어야 할 장소이며, 모든 생물들이 마땅히 최선을 다해 완수해야 할 임무다. 건축은 그런 우주의 원칙을 솜씨 있게 엮는 행위다. 그리고 그런 건축물은 시대를 초월해 우리에게 영감을 준다.

우리는 인생이라는 각자의 멋진 집을 선축하는 건축가다.

내가 지어야 할 집은 나의 삶을 위한 철학이다. 그 철학은 지금의 나에게도 감동적이며, 10년 후의 나에게도 여전히 감동적이어야 한다. 그 원칙이 없다면 나의 집은 곧 흉물스러워져 철거라는 위기에 맞닥뜨릴 것이다.

당신이 마땅히 거주해야 할 장소는 어디인가? 당신이 지을 집의 원칙은 무엇인가? 당신은 오늘이라는 건축 재료로 예술품을 만들 것인가, 아니면 이내 철거될 가건물을 지을 것인가?

우리는
인생이라는
집을 짓는
건축가다.
당신이 지을 집의 원칙은
무엇인가?

당신은
오늘이라는 건축 재료로
예술품을 만들 것인가,
아니면 이내 철거될
가건물을 지을 것인가?

불은 금으로 태어나기 위한 시험입니다.
시련은 강한 사람으로 태어나기 위한 관문입니다.

마사 그레이엄, 무용가

시련

試鍊

유일한 지름길

지금 내가 직면한 가장 어려운 문제는 무엇인가? 나는 그 문제를 풀기 위해 어떤 방법을 취할 것인가? 나는 그 문제를 풀어 내가 원하는 결과를 얻을 수 있는가? 그 문제를 해결한다면, 나는 행복할까?

항상 더 나은 자신을 지향하는 인간은 딜레마 속에 존재한다. 딜레마란 이쪽도 저쪽도 아닌, 자신이 원하는 궁극적인 해답을 주지 못하는 어정쩡한 상황이다. 우리는 수시로 이 갈림길에서 어느 길을 취해야 할지, 내가 택하는 길이 다른 길보다 더 현명한 선택일지 고민한다.

이 갈림길에서 나를 위한 최선을 찾는 시도를 시련(試鍊)이라고 한다. 시련은 나를 완성하기 위해 반드시 거쳐야 하는 문이다. 이 문을 통과하면 나의 손은 민첩해지고 발은 튼튼해지며, 눈은 이전까지 볼 수 없던 것들을 볼 수 있게 된다. 나는 시련으로써 얻은 시야를 통해 내가 열망하는 나의 모습을 어렴풋이 본다. 인간은 시련을 통해 보통사람에서 영웅으로 거듭난다.

시련은 —

나 자신을 완성하기 위해
반드시 거쳐야 하는 문이다.
이 문을 통과하면
나의 손은 민첩해지고
발은 튼튼해지며,
눈은 이전까지 볼 수 없던 것들을
볼 수 있게 된다.

인간의 삶은 과녁을 명중시키기 위한 궁수의 수련과 같다. 궁수는 시련을 거치지 않고서는 자신이 원하는 과녁을 향해 정확하게 화살을 날릴 수 없다.

시련의 '시(試)'는 그런 의미를 담고 있다. 줄이 달린 화살인 '주살 익(弋)'으로 하늘의 뜻과 자신의 의지를 연결시키는 '공(工)'을 이루려고 수련하는 과정[鍊]이다.

궁수는 이 수련 과정 속에서 자신도 모르는 사이에 과녁을 명중시킬 정도의 실력을 획득한다. 매일매일 반복적인 수련을 통해 일정한 경지에 이르게 되는 것이다.

활을 쏘는 행위는 완벽한 삶을 추구하는 인간에게 영감을 주었다. 고대 이스라엘인들은 자신들의 경전을 히브리어로 '토라(torah)'라고 불렀다. 토라는 '궁수가 활을 쏴 명중시키다'라는 의미를 지닌 히브리어 동사 '야라(yara)'의 명사형이다. 유대인의 경전(그리스도교의 구약성서)인 '토라'는 '명중'이라고 번역하면 그 의미가 분명해진다.

유대인들은 인간의 복잡하고 어지러운 삶 가운데 누구에게

나 고유한 길이 있다고 믿었다. 그 길 위를 묵묵히 걸어가는 것이 신적인 삶이다. 공자는 아마도 그런 삶을 '도(道)'라고 부른 것 같다. '도'란 자신의 숭고한 생각을 행동으로 옮기는 용기다. 그 길 자체가 어느 순간 목적지가 되는 것이다.

'화살이 과녁을 빗나가다'라는 의미의 동사를 고대 히브리어로 '하타(hata)'라고 부른다. 이 동사의 또 다른 의미는 '죄를 범하다'이다.

유대인들에게 죄는 신의 명령이나 인간이 만들어낸 교리를 어기는 행위가 아니다. 죄는 각자가 걸어가야 할 최선의 길이 있다는 것을 인정하지 않는 삶의 태도이며, 그 존재를 알더라도 행동으로 옮기지 않는 게으름이다.

하타의 의미는 신기하게 고대 그리스어에서도 그대로 발견된다. 시대를 막론하고 인류의 상상력은 유사한 모양이다. 고대 그리스어로 '하마르티아(hamartia, ἁμαρτία)'는 '과녁을 빗나가다 / 길을 잃고 헤매다'라는 의미의 '하마르타네인(hamartanein)'이라는 동사의 명사형이다.

유대인들에게 죄는
신의 명령이나
인간이 만들어낸 교리를
어기는 행위가 아니다.

죄는 각자가 걸어가야 할
최선의 길이 있다는 것을
인정하지 않는 삶의 태도이며,
그 존재를 알더라도
행동으로 옮기지 않는
게으름이다.

고대 그리스 철학자 아리스토텔레스는 자신의 저서 『시학』
에서 하마르티아에 대해 소개한다. 하마르티아는 그리스 비
극에 등장하는 주인공의 치명적인 결함이다. 그 주인공은
자신에게 주어진 삶을 스스로 이루었다는 자만(自慢)에 휩
싸여 주변에서 일어나는 상황을 인식하지 못하는 장님이
된다.

자신이 처한 시련을 스스로 제3자가 되어 관조할 때 시련은
멋진 삶을 위한 굳건한 발판이 된다. 시련을 거치지 않고서
는 위대한 인물이 될 수 없다.

그것은 마치 올림픽 경기에 나가기 위해 혹독한 수련과 여
러 단계의 시험과 경쟁을 치르는 과정과 같다. 구체적인 과
정을 통해 시련을 경험하게 하는 것이 시험(試驗)이다. 시험
을 통과하지 않고서는 국가대표가 될 수 없다.


한 개인이 올림픽 참가 선수가 되기 위해 노력하는 과정을
고대 그리스어로 '페이라조(peirazō)'라고 표현한다. 페이라
조는 한 단계에서 다음 단계로 진입하기 위해 혹은 자신이

원하는 원대한 꿈을 이루기 위해 반드시 거쳐야 하는 과정
이다. 고대 유대인들도 '시험하다'라는 뜻의 히브리어 동사
'니사(nissāh)'를 페이라조처럼 사용했다.

신은 자신이 선택하려는 인간을 반드시 시험한다. 이 시험
과정을 통해 전혀 다른 인간으로 거듭나기 때문이다. 성서
에서 신으로부터 시험을 받은 인물은 아브라함, 욥 그리고
예수다. 이들은 모두 시험이라는 혹독한 시련을 통해 신앙
의 조상이 됐다.


철학자이자 로마 제국의 황제 아우렐리우스는 "시련이 길
이다"라고 주장했다. 세계 최고 권력자였던 그는 향락을 즐
기던 리더가 아니라 최전선에서 매일 전투를 감행하던 야전
사령관이었다.

그는 목숨을 내건 전투를 마치고 막사로 돌아오면 몸을 씻
은 뒤 홀로 앉아 그날의 일을 기록했다. 이 일기가 오늘날
우리가 잘 알고 있는 『명상록』이다.

그는 신기하게도 이 책을 자신의 모국어인 라틴어로 기록

하지 않았다. 당시 학자들의 언어이며 고전어인 그리스어로 기록했다. 그리스어로 기록된 이 책의 원래 제목은 '타 에이스 헤아우톤(Ta eis heauton, Τὰ εἰς ἑαυτόν)'이다. 번역하면 '그 자신에게 (당부하고 싶은) 것들'이다.

책 제목에서 알 수 있듯이 아우렐리우스는 자신을 1인칭으로 보지 않고 3인칭으로 대했다. 이 기록은 3인칭화한 자신에게 바라는 희망과 결심을 담은 글이다.

아우렐리우스는 자신이 원하는 이상형을 가지고 있었고, 그 것을 자신의 삶 속에서 매일매일 실천하는 철학자였다. 아우렐리우스는 『명상록』에서 시련에 대해 다음과 같이 기술했다.

우리는 시련을 통해 우리의 마음을 자신이 원하는 방향으로 전환할 수 있습니다. 장애물은 인간의 행동을 유발합니다. 우리에게 방해가 되는 것이 바로 우리의 길이 됩니다.

시련은 인간을 완성시키는 훈련이다. 시련을 통해 자신을

수련하는 사람에게는 매력이라는 선물이 주어진다. 당신은
자신에게 다가오는 시련을 피하기 위해 애쓰는 사람인가,
아니면 미래의 자신을 위해 시련을 기꺼이 훈련으로 받아들
이는 사람인가? 시련은 수련자의 유일한 지름길이다.

시련은 인간을 완성시키는 훈련이다.
시련을 통해 자신을 수련하는 사람에게는
매력이라는 선물이 주어진다.

당신은 자신에게 다가오는 시련을
피하기 위해 애쓰는 사람인가,
아니면 미래의 자신을 위해
시련을 기꺼이
훈련으로 받아들이는 사람인가?

시련은 수련자의
유일한 지름길이다.

하루만 남았을 뿐입니다.

매일 다시 시작하십시오.

하루는 새벽이면 우리에게 주어졌다가

해질 무렵이면 이내 사라집니다.

장 폴 사르트르

# 방향

## 方向

당신은 어떤 나침반을 가지고 있습니까

매일 아침, 어김없이 나에게 다가오는 귀한 손님이 있다. '하루'라는 신기한 손님이다. 맞이할 준비를 하지 않으면 금방 자리를 떠나는 '순간'과 같은 손님이다. 그러나 내가 정신적으로 깨어 있을 때, 이 손님은 나에게 아름다움과 보람을 선물한다.

하루가 '영원한 지금'으로 변한다. 하루는 높은 산에 도달하기 위해 매일 걸어야 하는 일정과 같다. 에베레스트 산처럼 험준한 산을 정복하기 위해서는 오랜 훈련이 필요하다. 육체와 정신을 위한 훈련 과정 없이 도전했다가는 사고의 위험에 노출될 수밖에 없다.

하루 동안 내가 등반해야 하는 산은 누구나 볼 수 있는 그런 산이 아니다. 인터넷에서 발견할 수 있는 산이라면, 이미 그 산을 정복한 사람에게 조언을 구해 얼마든지 쉽게 오를 수 있을 것이다.

그 산은 마음속에 뿌리 내려 눈으로는 볼 수 없는 산이다. 나의 열망을 담은 나만의 산으로, 마음속 심연으로 내려가야 비로소 나타나는 산이다. 지구상에 존재하는 모든 산의 모양이 서로 다르듯이, 내가 정복해야 할 산도 유일하고 숭고하다. 내가 오늘 등반해야 할 하루라는 산은 아무도 발을 들여놓은 적이 없는 장소이기에 낯설고 두렵다.

기원전 3000년경, 오늘날 이라크 지역에 정착해 도시와 문자를 발명하며 인류 최초의 문명을 이룬 수메르인은 '산'을 '쿠르(KUR)'라고 불렀다. 그 산은 해발 5000미터나 되는 자그로스 산이었다.

그들은 자그로스 산을 들어가서는 안 되는 장소로 여겼다. 쿠르는 '사후 세계/지하 세계/타부의 장소'라는 의미도 가지고 있다. 하루는 쿠르처럼 오래되고 진부한 자아를 살해해야만 갈 수 있는 미지의 장소다.

하루라는 산을 삶을 위한 소중한 마디로 삼기 위해 꼭 필요한 생존 키트가 있다. 나침판이다. 나침판은 여러 가지 핑계를 앞세워 정상으로 향하는 길에서 이탈하려는 나를 일깨워줄 멘토다.

자신만의 나침반을 준비하지 않은 사람은 자신이 가야 할
방향을 알지 못해 다른 사람의 나침반을 흘낏거리며 산을
오른다. 얼마 지나지 않아 그 여정이 자신이 원하던 길이 아
님을 깨달은 그들은 이내 지친다. 자신에게 유일한 여정이
라야만 열정적으로 몰입할 수 있다.

인류가 나침반을 발견한 시기는 11세기다. 중국 송나라의
과학자 심괄(沈括)이 쓴 『몽계필담(夢溪筆談)』에는, 지구가
자성을 띠고 있고, 자석 성분이 포함된 자침이 남북을 표시
한다는 점을 처음 발견한 내용이 담겨 있다.
『동방견문록』을 저술한 마르코 폴로는 이 사실을 유럽에 알
려 대항해 시대를 열었고, 이후 나침반은 인류 역사가 발전
하는 데 중요한 역할을 했다.
자석이 남북을 가리키는 이유는 지구 중심부에 자전축과 거
의 평행하게 놓인 영구 자석이 자기장을 형성하기 때문이
다. 나침반은 가시적인 방향을 알려주지만, 인간이 가야 할
각자의 나침반은 스스로 만들어야 한다.

기원후 7세기에 아라비아 반도에서 유복자로 태어나 5세 때 어머니마저 세상을 떠나 고아가 된 소년이 있었다. 그는 이슬람교를 창시한 무함마드다. 청년 시절 목동으로 연명하던 그는 사방으로 끝없이 펼쳐진 사막 위에서 양떼에게 먹일 목초지나 물을 찾기 위해 사시사철의 변화와 별의 움직임을 세심하게 관찰했다. 그에게는 자연과 천체의 움직임이 곧 나침반이었다.

무함마드는 25세에 메카에서 큰 대상 무역을 하던 미망인 카디자와 결혼한다. 하루아침에 부자가 된 무함마드는 물질 만능주의와 이기심에 탐닉한 메카 상인들을 위한 삶의 나침반에 대해 묵상한다.

그는 자신을 관조하고 직시하며 자신도 모르게 쌓여 있는 자기중심적인 습관을 벗어던지는 영적인 운동을 시작한다. 무슬림이라면 하루에 다섯 번씩 천체의 움직임에 따라 오래된 자아를 벗어던져야 한다. 이런 행위를 아랍어로 '살라트(salāt)', 즉 '기도'라고 한다.

자신만의 나침반을
준비하지 않은 사람은
다른 사람의 나침반을
흘낏거리며
산을 오른다.

얼마 지나지 않아

그 여정이

자신이 원하던 길이 아님을

깨달은 그들은 이내 지친다.

자신에게 유일한 여정이라야만

열정적으로 몰입할 수 있다.

살라트는 단순히 자신이 원하는 것을 보이지 않는 어떠한 존재에게 부탁하는 기도가 아니다. 살라트는 행위다. 특정한 방향을 향해 이기적인 행위를 일삼던 발과 손, 눈, 입 그리고 머리를 땅에 댐으로써 과거의 자신과 결별하려는 상징적인 움직임이다.

기도는 욕심으로 가득 찬 오래된 자아를 정신적으로 살해하려는 결심이다. 이때의 몸은 자신이 열망하는 '최선의 자신'을 고양시키기 위한 장소로 향한다.

이 장소를 향해 자신의 몸가짐을 가다듬는 행위를 아랍어로 '키블라(qibla)'라고 한다. 키블라는 중동을 여행하다 보면 어디에서나 발견하게 되는 화살표로, 메카로 향하는 방향을 가리키고 있다.

무슬림들은 맨 처음 예루살렘을 향해 엎드려 기도했다. 예루살렘은 무함마드가 환상 중에 백마를 타고 천상을 경험한 장소이기 때문이다. 그러나 메디나에 정착한 후부터는 메카를 향해 기도한다.

무슬림들은 하루에 다섯 번씩 스스로에게 묻는다. "나는 내가 열망하는 최선의 길을 걷고 있는가?"

자석에는 외부 자기장에 의한 일시 자석과 독자적인 영구 자석이 있다. 영구 자석은 외부 자기장을 제거해도 장기간 자성을 지닌다.

위대한 개인이란 자신만의 나침판으로 가장 아름다운 산을 오르는 사람이다. 그는 하루라는 소중한 순간을 가다듬어 독자적인 영구 자석을 끊임없이 수련한다. 당신은 어떤 나침반을 가지고 있는가?

4부

# 패기
霸氣

나를
지탱해주는
삶의 문법

세상에서 가장 용감한 행동은
자기 자신을 위해 생각하는 것입니다.
이왕이면 깊고 끈질기게.

코코 샤넬

자유

自由

나에게 유일한 것을 찾아 사랑에 빠지는 것

자유(自由)란 무엇인가? 자유는 외부의 어떤 것으로부터 도망치는 것이 아니라 자신에게 유일한 것을 찾아 사랑에 빠지는 행위다. 영어 단어 '프리(free)'의 본래 의미는 '사랑에 빠진 상태'다.

우리는 어떻게 해야 그 자유로운 상태로 진입할 수 있을까? 자신의 생각과 말과 행동이 스스로의 존재 이유가 되는 상태가 바로 자유다. 그리고 사랑에 빠질 만큼 소중한 것을 찾기 위한 과정을 '연습'이라고 한다.

연습을 가장 잘 설명한 사람은 고대 그리스 철학자 아리스토텔레스다. 그가 『시학』에서 말한 인간의 예술 행위에 대한 정의는 아직도 유효하다. 그는 오늘날 연극이나 영화의 원조인 그리스 비극을 고대 그리스어로 '미메시스 프락세오스(mimesis praxeos)', 즉 '연습에 대한 흉내'라고 정의했다.

'연습'에 해당하는 그리스어 '프락시스(praxis)'와 영어의 '프랙티스(practice)'는 단순한 행위, 사건 혹은 육체적인 활동이다. 프락시스는 이런 행위를 가능하게 하는 인간의 의도적

이며 섬세한 마음가짐에서 나온다. 이런 마음가짐을 고대
그리스어로 '에토스(ethos)'라고 한다. 연습이란 에토스의 자
유롭고 자연스러운 결과다.

인간이 하는 행위인 프락시스가 자유롭지 못한 이유가 있
다. 다른 사람의 기대와 기준에 영향을 받거나 그것들을 부
러워하기 때문이다.

그들은 자신만의 노래를 부른 적도 없고, 부를 생각도 없다.
그 결과 인간은 혼돈에 빠진다. 혼돈은 자신만의 에토스를
찾지 못한 상태다.


미국 배우 에단 호크가 감독한 다큐멘터리 영화 〈피아니스
트 세이모어의 뉴욕 소네트〉를 보았다. 자유로운 프락시스
를 찬양한 감동적인 영화다.

에단 호크는 성공한 배우다. 어느 날 그에게 인생의 위기가
찾아왔다. 그는 고민에 빠졌다. "나는 왜 사는가?" 그는 영
화 시작 부분에 덤덤하게 말한다. "저는 제가 왜 배우로 사
는지 그 이유를 알려고 애쓰고 있습니다."

에단 호크는 몇 년 전 저녁식사에서 우연히 만난 한 피아노 선생의 삶을 통해 자신의 존재 이유를 어렴풋이 느꼈다. 그것이 계기가 되어 그는 이 영화를 만들었고, 이 영화는 그의 삶에 대한 선언이다.

에단 호크의 멘토인 피아노 선생은 1927년생의 세이모어 번스타인(Seymour Bernstein)이다. 어릴 적부터 피아니스트로서 명성을 쌓아온 그에게는 잊지 못할 추억이 있었다.
그는 1950년 1월, 군에 입대한 후 바로 한국으로 파병됐다. 그의 나이 23세였다. 그 이듬해 전역할 때까지 주한 미8군에 소속되어 한국전쟁의 참화를 목격했다. 그러면서 그는 자신의 만트라(mantra)를 찾았다. 그는 서울, 대구, 부산, 인천, 거제도 등을 돌며 전우들과 한국인들을 상대로 100여 차례 넘게 피아노를 연주했다.

그는 음악이 인간을 정화하고 안락함을 줄 수 있다고 확신했다. 음악에 대한 그의 이런 철학이 있었기에 가능한 일이었을 것이다. 세이모어 번스타인은 그 후 1969년 시카고 심포니 오케스트라와 협연하면서 화려하게 피아니스트로 데뷔했다.

1969년, 그는 베토벤의 후기 대표작인 〈바가텔 126번〉을 연주했다. 바가텔이란 가볍고 경쾌한 스타일의 짧은 피아노 소품곡을 의미한다.
이 곡의 마지막 부분은 프레스토로 빨리 연주되다가 갑자기 끝나는 것이 특징이다. 세이모어 번스타인은 이 침묵의 순간마저도 연주로 승화시켜 예술의 숭고함을 보여줬다. 그는 이 침묵을 통해 우주적인 비움인 공(空)을 연주한 것이다.

1977년, 세이모어 번스타인은 50세가 되던 해 돌연 은퇴를 선언한다. 그는 한순간에 명예와 돈을 약속하는 화려한 무대를 떠나 침묵의 삶을 살기로 결정한다. 그는 작곡 및 후학 양성에 힘을 쏟으며 자기완성의 길로 들어섰다. 무엇이 그를 그렇게 만들었을까?

그는 돈과 명성이 종교가 된 자본주의의 본산지 뉴욕 맨해튼에서 수도승처럼 지낸다. 그는 접이식 침대 소파가 놓인 원룸 아파트에 50년 넘게 거주하며, 풀밭에서 잔디 볼링을 하는 노인들처럼 항상 수수한 옷차림으로 다닌다.

그러나 학생들에게 피아노를 가르칠 때만큼은 엄격하고 정확하다. 그에게서 피아노를 배운 사람은 누구나 그를 최고의 스승으로 기억한다. 그는 피아노 연주법과 곡 해석에 있어서 '자신만의 이론'을 가지고 있다. 그에게 음악과 인생은 하나다.

세이모어 번스타인은 예술이 지향하는 삶과 사회가 요구하는 명성이 불협화음과 같다고 말한다. 이 무자비한 간극이 너무 커서 연주자들은 종종 신경과민증을 앓곤 한다. 에단 호크는 이렇게 고백한다. "제가 추구하는 삶은 인생을 더 아름답게 연주하는 것입니다."

피아니스트이자 《뉴욕타임스》에서 건축 비평가로 일하는 마이클 키멜만(Michael Kimmelman)은 세이모어 번스타인의 제자였다. 영화 속에서 이들은 과거를 회상하며 담소를 나눈다. 마이클 키멜만은 자기 스승이 연주를 그만둔 이유를 이해할 수 없었다.

그가 "선생님처럼 연주가로 유명해진 사람에겐 개인의 취향이나 선택을 초월하는 사회적인 의무가 있지 않나요?" 하고 물었다. 그러자 세이모어 번스타인은 "마이클, 자네가 무슨 말을 하려는지 알겠는데…" 하고는 더 이상 아무 말도 하지 않는다. 대신 그는 마음속으로 이렇게 말한다.

완벽한 예술을 만드는 것은 남들의 인정과 갈채가 아니야. 스스로 완벽하고자 하는 투쟁이며 연습이지.

이 영화의 매력은 세이모어 번스타인의 인생에 대한 심오한 반추가 아니라 그의 가르침과 피아노 연습의 중요성 그리고 자신의 귀를 훈련시키는 모습이다. 그는 침묵과 공허로 가득한 자신만의 심연에서 피아노라는 도구를 통해 거룩한 길을 묵묵히 걸어가고 있다.

"선생님처럼 연주가로 유명해진 사람에겐
개인의 취향이나 선택을 초월하는
사회적인 의무가 있지 않나요?"


"완벽한 예술을 만드는 것은
남들의 인정과 갈채가 아니야.
스스로 완벽하고자 하는
투쟁이며 연습이지."

이 영화에서 세이모어 번스타인은 35년 만에 작은 독주회를 하기로 결정한다. 그는 연주를 위해 뉴욕 57번가에 위치한 스타인웨이 건물 지하로 내려가 그곳에 진열된 피아노들의 건반을 하나씩 조심스럽게 두드린다. 그는 특별하고도 숭고한 소리를 내는 단 한 대의 피아노를 찾고 있었다.

그는 스타인웨이 홀에서 열린 자신의 연주회에서 슈만의 〈환상곡 17번〉 마지막 악장을 연주한다. 이 곡은 슈만이 자신의 연인 클라라를 위해 만든 것으로 알려져 있다.

어두운 저녁, 발길을 재촉하며 귀가하던 사람들이 멈춰 서서 길가의 창문 너머로 피아노를 연주하는 세이모어 번스타인을 빤히 들여다본다. 하지만 그는 자신의 인생을 회고하며 눈을 감고 천천히 그리고 부드럽게 자신의 심연 속으로 들어간다.

카메라는 세이모어 번스타인의 연주 장면에서 그의 집으로 앵글을 옮겨 피아노 레슨 중인 그의 모습을 비춘다. 그때 그의 목소리가 들려온다.

음악은 문제가 많은 세상에 조화롭게 말합니다. 음악은 외로움과 불만을 쫓아내며 생각과 감정이 편안하게 쉬는 공간입니다. 그곳에서 진리가 뿌리를 내립니다.

음악에는 대충이 없습니다. 변명, 핑계, 조잡함이 존재하지 않습니다. 음악은 완벽을 지향하는 우리 자신의 잠재력을 일깨웁니다.

세이모어 번스타인의 목소리가 끝나자 화면은 다시 스타인웨이 홀로 옮겨 그의 연주 장면을 비춘다. 그는 여전히 눈을 감은 채 자신의 음악에 심취해 있다.

2017년 6월, 한국전쟁 참전 용사 자격으로 우리나라를 찾은 그는 이런 말을 했다. "최전방에서 연주할 때 업라이트 피아노는 언덕 밑에 놓입니다. 군인들은 언덕에 편히 앉고, 포탄이 떨어질 경우를 대비해 공군이 비행기를 띄워 우리 연주를 지켰습니다."

세이모어 번스타인은 그때부터 몰입을 연습했었나 보다. 몰입을 통해 연습할 우리 각자의 임무는 무엇일까? 나는 어떻게 하면 무심하면서도 고요하게 내가 원하는 바를 행하며 살 수 있을까?

위대한 예술가와 보통 예술가의 차이는

세 가지입니다.

첫째, 감수성과 유연함.

둘째, 상상력. 셋째, 근면함.

살만 루슈디, 소설가

감각

感覺

과거라는 마취에서 깨어나기

오늘 아침, 나는 방석에 앉아 지난 일주일 동안 내가 한 일들을 곰곰이 생각해본다. 나 자신에게 감동적인 원대한 목표를 향해 묵묵히 걸었는가? 나의 마음속에서 호시탐탐 일어나는 여러 유혹과 산만함을 관조해 그것들을 초월하기 위해 노력했는가?

매순간 자신을 감동적으로 혁신하지 않는 사람에게 시간은 허무(虛無)로 나타난다. 고대 이스라엘의 위대한 왕이자 가장 지혜롭다고 존경받는 솔로몬조차 인생의 끝자락에서 이런 회한의 감탄사를 외쳤다.

나는 지난 세월들을 너무 헛되게 살았구나! 헛되게 살지 않은 것이 하나도 없구나. 내가 행했던 모든 것들이 헛되다!

고대 히브리어로 '헛되다'는 '헤벨(hebel)'이다. 경전에 등장하는 단어들처럼 이 단어의 의미도 이중적이다. 인간의 경험으로 확인할 수 있는 구체적인 의미와 경험을 넘어선 추상적인 의미가 함께 담겨 있다.

헤벨의 가시적인 의미는 '수증기' 혹은 '연기'다. 굴뚝에서 나오는 연기는 금세 사라져 자취를 감춘다. 따라서 헤벨은 추상적인 의미로 '허무'를 뜻하기도 한다. 솔로몬은 인생을 연기에 비유해 허무라고 한탄했다.


어떻게 해야 흘러가는 세월을 결정적인 순간으로 만들 수 있을까. 몸과 정신에서 요동치는 다양한 욕망과 생각들을 인식하고, 무차별적으로 다가오는 주변의 사건들을 관조하는 기술이 있다. 바로 감각(感覺)이다.

감각은 수련을 통해 자신과 주변을 오랫동안 관찰해 그 모든 것을 감지하는 능력이다. 우리가 어떤 사람을 '감각이 있는 사람'이라고 부른다면 그는 자신의 분야에서 일가를 이룬 자다.

우리는 대부분 과거라는 습관에 마취되어 있다. 습관은 새롭게 다가오는 지금을 볼 수 없게 만드는 눈가리개다. 그렇다면 어떻게 해야 날마다 새로운 감각을 키울 수 있을까.

고대 이스라엘의

위대한 왕이자

가장 지혜롭다고

존경받는 솔로몬조차

인생의 끝자락에서

이런 회한의 감탄사를 외쳤다.

"나는 지난 세월들을
너무 헛되게 살았구나!
헛되게 살지 않은 것이
하나도 없구나.
내가 행했던 모든 것들이
헛되다!"

몇 달 전 충치 치료를 받았다. 마취 주사는 치료하려는 치아 부근의 감각을 최대한 제거해 고통을 덜어준다. 치료를 마치고 입을 헹구려는데 아직 마취가 덜 풀려 입이 나의 뜻대로 움직이지를 않았다.

신경조직은 몸의 근육을 움직이는 감각을 조절한다. 신경조직은 몸 전체를 조화롭게 움직이도록 뇌를 드나드는 상호 소통의 길이다. 신경조직에는 뇌로부터 신호를 전달받는 운동신경과 그 감각 신호를 뇌로 돌려보내는 감각신경이 있다.

예를 들어 밤새 옆으로 누워 잔 날 아침에 일어나면 팔이 저리거나 움직이지 않던 경험이 있을 것이다. 팔의 감각이 사라진 것이다.

감각을 회복하기 위해 팔을 조심스럽게 움직이면 운동신경이 먼저 작동하고 곧 감각신경이 돌아와 팔을 조절할 수 있게 된다. 뇌에서 보낸 운동신경의 신호를 따라 몸의 다양한 근육들이 반응하는 것이다.

우리 몸에는 뼈를 감싼 골격근과 최적화된 운동을 기억해 마치 작은 스프링처럼 근육을 잡아당기고 늘이는 근방추(筋紡錘)라는 근육이 있다. 몸을 움직이는 행위는 뇌가 이 근방추로부터 신호를 받아 힘줄과 관절을 움직이는 것이다.

이때 오감 이외에 또 다른 감각이 작동한다. 우리가 눈을 감거나 코를 만지거나 손을 흔들거나 혹은 공을 발로 차는 행위 시에 이 감각이 등장한다. 바로 '고유수용감각'이다.

우리는 오감과 달리 이 여섯 번째 감각을 쉽게 경험하지 못하기 때문에 특별한 경우를 제외하고는 잘 인식하지 못한다. 그러나 이 감각을 인식하지 못하고 방치하면 눈이나 귀가 머는 것보다 더 치명적인 병을 얻는다.

근육으로부터 오는 감각적인 정보 없이는 오감을 작동시킬 수 없다. 몸의 주요 기관과 그와 관련한 근육의 움직임 없이 걷거나 움직이거나 먹는 행위는 불가능하다.

영국의 생리학자 찰스 셰링턴(Charles Sherrington)은, 인간의 뇌가 사물을 인식하고 그것에 반응하는 중추신경계를 혁신적으로 연구해 외수용감각, 내수용감각 그리고 고유수용감각이라는 용어를 만들어냈다.

외수용감각은 외부의 반응에 대한 신체 반응, 즉 오감을 통한 정보를 제공하는 감각이며, 내수용감각은 신체 내부, 특히 장기의 상태와 변화로부터 오는 배고픔이나 고통 등의 감각이다. 고유수용감각은 근육, 힘줄, 관절로부터 오는 움직임에 관한 정보다.

고유수용감각을 영어로 '프로프리오셉션(proprioception)'이라고 한다. 이 단어는 '자기 자신의/고유한'이라는 라틴어 형용사 '프로프리우스(proprius)'와 '수용하다'라는 라틴어 동사 '카페레(capere)'의 합성어다.

고유수용감각은 사람마다 다르다. 수련을 통해 자신의 근육을 훈련시키면, 그 근육은 점점 더 강인해지고 유연해진다. 누구나 수련 정도에 따라 고유한 근육감각을 가질 수 있다.


근육은 운동을 통해 훈련하지 않으면 시간이 지나면서 점차 감각이 무뎌지고 급기야는 무감각해진다. 환각(幻覺)은 자신을 훈련하지 않은 사람들의 특징이다. 불의의 사고로 사지가 절단된 사람 혹은 몸의 일부가 절단된 사람이 수술 후에도 절단된 신체가 아직도 멀쩡하다고 착각하는 현상을 환각지(幻覺肢)라고 한다.

신체와 마찬가지로 정신적인 환각지도 있다. 자신에게 주어진 고유한 임무를 수련하지 않는 사람은 생각이라는 근육을 사용하지 않는다. 그는 점차 더 이상 자신에게 존재하지 않는 '헛것'을 추구하는 환각에 빠진다.

감각은 나 스스로 세상을 보려는 시선이다. 그 시선은 매일매일 나에게 주어지는 하루를 어떻게 보낼 것인가를 생각하는 정신 근육 운동에서 시작한다.

배움이란 오늘을 어떻게 살 것인가를 생각하는 훈련이다. 생각은 당연하거나 하찮게 여기는 것들을 다시 찬찬히 바라보는 정신 훈련이다.

미국 작가 데이비드 포스터 월리스(David Foster Wallace)는 자신의 책 『이것은 물이다』에서 물고기 이야기를 소개한다.

두 마리 어린 물고기가 헤엄을 치고 있었다. 그 곁을 지나가던 나이든 물고기가 "오늘 물이 어때?" 하고 묻자, 어린 물고기들이 서로에게 물었다. "물? 그게 뭐지?"

이 이야기에는 우리의 삶에서 가장 중요한 것은 당연한 것, 흔한 것, 그래서 볼 수도 없고 언급하지도 않는 것들이라는 메세지가 담겨 있다. 찰나의 삶을 지탱해주는 것은 공기와 물, 사랑과 배려와 같이 너무 흔하거나 추상적이어서 우리가 미처 발견하지 못하는 것들이다.

나는 오늘 무엇을 생각할 것인가? 나는 오늘을 위한 새로운 초기 설정을 할 것인가, 아니면 어제의 초기 설정을 그대로 수용할 것인가? 오늘을 위한 나의 초기 설정에 대한 노력이 생각이고, 그 생각의 훈련이 고유하고 유연한 나만의 감각이다. 당신은 오늘을 감각하고 있는가, 아니면 환각하고 있는가?

당신은 오늘을 감각하고 있는가? 아니면 환각하고 있는가?

우리를 방해하는 것은 사람들의 행위가 아니라

그 사건들에 대한 망상입니다.

루키우스 안나이우스 세네카

평안
平安

나,
너
그리고
우주
안에
온전한
상태

우주에서 가장 매정한 괴물은 시간이다. 시간은 137억 년 전 빅뱅의 순간부터 1초도 쉬지 않고 우주 안에 존재하는 만물들을 조용히 소멸시켰다. 우리가 거주하는 지구도, 태양계도 시간의 흐름에 따라 소멸되어 언젠가는 멈춰 사라질 것이다.

만물은 매순간 서서히 죽어간다. 인간이 만물의 영장인 이유는 이것이다. 인간은 자신의 삶이 영원할 수 없다는 것, 시간이 지나면 먼지처럼 사라진다는 것을 잘 알고 있다.

이 깨달음은 인류에게 순간을 영원으로 만드는 기술인 예술을 통해 문명을 선물했다. 호모 사피엔스는 정교한 장례 문화를 구축해 다른 동물뿐만 아니라 다른 유인원들과 자신들을 구분했다.


올해도 지난해처럼 순식간에 흘러갈 것이다. 매년 반복되는 후회를 막을 방법이 있을까? 철학자 세네카는 〈평정심에 관하여(*De Tranquillitate Animi*)〉에서 목표 설정의 중요성에 대해 이렇게 이야기한다.

인간은 자신의 삶이
영원할 수 없다는 것,

시간이 지나면
먼지처럼 사라진다는 것을
잘 알고 있다.
이 깨달음은 인류에게
순간을 영원으로 만드는 기술인
예술을 통해
문명을 선물했다.

당신의 모든 노력을 한곳에 집중하십시오. 그리고 그 목표를 항상 눈으로 볼 수 있도록 곁에 두십시오. 우리를 방해하는 것은 사람들의 행위가 아니라 그 사건들에 대한 망상입니다.


목표를 설정하고 그것을 달성하기 위해 정교하게 계획하고 실행하는 수련만이 변화무쌍한 환경과 유혹을 극복할 수 있는 무기다.

스토아 철학자들은 목표를 설정하지 못한 상태를 고대 그리스어로 '오이에시스(oiesis)'라고 표현했다. 이 단어는 흔히 '거짓 개념' 혹은 '망상'으로 번역된다.

오이에시스는 자기 자신을 위한 기획과 계획 없이 정신적으로, 그리고 영적으로 혼란에 빠져 주변의 자극에 무의식적으로 반응하는 기능 장애 상태다.

목표 지점을 향해 한 걸음 한 걸음 나아가는 행위는 현재의 나를 딛고 서는 용기다. 나를 위한 최선은 내가 극복해야 할 현재라는 현상 유지를 버릴 때 비로소 나타난다.

행복이란 무엇인가? 영국의 철학자 벤담은 '최대다수의 최대행복'이라는 공리주의를 주창하면서, 오늘날 우리가 이해하는 행복에 관한 담론을 왜곡했다. '인간에게 고통을 주는 것은 불행이고, 쾌락을 증진시켜주는 것은 행복이다'라는 원칙으로 사회를 재단했다.

행복은 사실 요행이며, 자신과 주변을 대하는 개인의 마음 상태이지 외부와는 상관없다. 행복을 의미하는 영어 '해피니스(happiness)'는 '우연'을 뜻하는 '해프닝(happening)'과 어근이 같다. 이 단어들의 기본 의미는 '예상치 못하게 등장하는 어떤 것들'이다.

기원전 1세기, 로마 공화정을 유지하려다가 삼두 정치를 주장한 카이사르에 의해 쫓겨나 결국 목이 잘린 비극의 주인공이 있다. 스토아 철학자 키케로다.

그는 자신의 인생 역정을 뒤돌아보며 다음과 같은 명언을 남겼다. "행운(의 여신)은 장님입니다." 인생에 다가오는 크고 작은 일들에 일일이 일희일비하지 말라는 충고다.

로마의 네로 황제의 과외 선생이었던 철학자 세네카도 인간의 육체적인 쾌락에 대해서는 비관적이었다. 그는 쾌락을, 인간이 오관을 통해 감각을 자극하는 것들을 통과시키는 여과기라고 정의했다.

당신은 포도주와 술이 어떤 맛인지 알고 있습니다. 그러나 수백 병 혹은 수천 병이 당신의 뱃속에 들어가면 모두 같습니다. 당신은 여과기일 뿐입니다.

세네카의 이 표현은 매우 충격적이다. 사치를 추구해 행복해지려는 인간의 허영을 적나라하게 보여준다. 세네카는 로마에서 권력과 부 그리고 명성을 모두 가진 성공한 인물이었다.

그러나 노년에 이른 그에게 얼마나 좋은 와인을 마셨는지, 얼마나 많은 학식을 연마했는지, 얼마나 훌륭한 골동품을 소유했는지는 결코 중요한 요소가 아니었다. 세네카는 그런 소중한 것들을 담는 여과기에 불과했던 자신을 한탄했다.

천재(天才)는 자신에게 유일한 천재성을 발견하고 그것을 발휘하는 사람이다. 그리스 철학자 아리스토텔레스가 자신의 아들 니코마코스를 위해 저술한 『니코마코스 윤리학』에 '에우다이모니아(eudaimonia, εὐδαιμονία)'라는 그리스 단어가 등장한다.

이 단어는 흔히 '행복'이라고 오역되어 상용됐다. 에우다이모니아는 위에서 정의한 대로 자신에게 숭고하고 감동적인 것, 즉 자기만의 고유한 천재성(daimonia)을 최선을 다해(eu) 매일매일 실천하는 삶이다. 그런 삶은 평안하다.

이스라엘 사람들은 서로 만나면 히브리어로 '샬롬'이라고 인사하고, 아랍 사람들은 아랍어로 '(마아) 살라마'라고 인사한다. 히브리어 '샬롬(shalom, שלום)'과 아랍어 '살람(salaam, سلام)은 아주 오래된 셈족어 어근 '샬람(*shalām)'에서 유래했다.

샬람은 기원전 20세기경 고대 바빌로니아 경제 문서에 처음 등장했다. 샬람은 '채무관계가 없는 재정적으로 자유롭고 독립적인 상태'다. 샬람은 자신의 인생에서 자신이 반드시 행해야 할 임무, 즉 자신의 삶에서 완수해야 할 '빚'이 무엇인지 인식하고, 그 빚을 완벽하게 갚은 상태다.

이스라엘인들의 인사 '샬롬'은 "당신은 지금 이 순간에 해야 할 임무를 알고, 그것을 행하고 있습니까?"라는 뜻이다. 『꾸란』에 보면 세상의 마지막 날에 신이 인간에게 "마아 살라마"라고 인사한다. 이 인사는 "당신은 인생을 통해 자신이 해야 할 임무를 완수했습니까?"라는 의미가 담겨 있다. 올 한 해, 당신이 완수해야 할 고유한 임무는 무엇인가? 평안한 삶을 위해 당신은 무엇을 실천하겠는가?

당신의 모든 노력을
한곳에 집중하십시오.
그리고 그 목표를
항상 눈으로 볼 수 있도록
곁에 두십시오.


우리를 방해하는 것은
사람들의 행위가 아니라
그 사건들에 대한
망상입니다.

인생에서 중요한 결정을 해야 할 때
이성은 '아직 때가 되지 않았어'라고 말합니다.
이성은 패배를 두려워하지만
직감은 삶과 그 도전을 즐깁니다.

파울로 코엘료, 소설가

# 일치
## 一致

행동은 곧 생각이다

하루는 한 장의 사진이다. 우리는 이 하루를 삶의 결정적인 순간으로 만들어야 한다. 사진가들은 카메라의 작은 렌즈를 통해 세상을 본다. 그리고 흘러가는 순간을 포착해 예술로 승화시킨다.

그들은 카메라 렌즈를 눈에 정렬한 뒤 자신이 찍으려는 대상을 응시한다. 그의 눈과 마음 그리고 머리가 일치하는 신비한 지점이 바로 결정적 순간이다.

그들은 그 찰나를 포착하기 위해 몰입한다. 그리고 무아의 상태에서 셔터를 누른다. 그들의 몰입과 통찰은 사진 한 장으로 가감 없이 표현된다.


인류는 하루를 삶의 결정적인 순간으로 만들고, 자신의 고귀한 생각을 말과 행동으로 옮긴 성인들에 의해 진보해왔다. 이들은 삶의 문법을 제시한 자들이다.

언어를 언어답게 만드는 힘은 어휘의 무분별한 배열이 아니라 보이지 않는 문법에 있다. 이 문법으로 셰익스피어와 단테 그리고 괴테가 탄생했다.

질문의 힘을 깨달은 소크라테스는 "내가 아는 유일한 사실은 내가 아무것도 모른다는 사실이다"라는 주장으로 당시의 지식인들을 당황하게 만들었다. 그는 자신의 깨달음이 인간 삶의 소중한 씨앗이 된다고 생각했다.

인간 내면 깊숙이 들어가 불행의 원인인 욕심을 찾아낸 붓다는, 북적이는 시장으로 내려가 인간 안에 숨어 있는 위대한 자신을 발견하기를 가르쳤다.

붓다는 참선을 통해 해탈 속으로 들어가 그 안에서 탐닉한 것이 아니다. 그는 인간 군상들과 함께 먼지와 고통이 가득한 세계를 발이 붓도록 돌아다녔다.

'인간은 신이다'라는 깨달음을 얻은 예수는 자신만이 아니라 다른 사람도, 심지어 적도 신이라고 여겼다. 모든 존재가 신이라는 것을 확인하는 삶의 태도가 바로 사랑이다.

그는 수묵화처럼 강력하면서도 명료한 주장으로 사람들에게 희망을 주었다. 그의 손과 발에 남겨진 못자국은 그가 보여준 언행일치의 기호다.

성인들은 언행일치의 화신이다. 그들은 자신의 생각을 말과 행동으로 실천한 자들이다. 메소포타미아의 서사시 「에누마 엘리쉬(Enuma Elish)」는 기원전 17세기경에 쐐기문자로 기록된 우주 창조 이야기다. 이 서사시에는 언행일치가 무엇인지 선명하게 보여주는 구절이 있다.

혼돈과 바다의 여신 티아맛(Tiamat)은 세상을 시끄럽게 하는 신들을 홍수로 몰살하려는 계획을 세웠다. 다른 신들은 가공할 만한 능력을 지닌 티아맛을 대적할 수 없었다.
그러자 마르둑(Marduk)이라는 젊은 신이 등장해 티아맛을 대적하겠다고 선언했다. 이 젊은 신의 능력을 믿을 수 없었던 다른 신들은 그를 시험하고자 마르둑에게 이렇게 주문했다.

하늘의 별들을 '너의 말'로 자신들의 자리에서 이탈하게 만들어 우주에 흩어지게 하고, 다시 '너의 말'로 그 별들을 원래 자리로 정렬시켜라.

마르둑이 별들에게 "흩어져라!" 하고 말하자 별들이 흩어졌고, "원래 자리로 돌아오라!" 하고 말하자 별들이 다시 자기 자리로 돌아왔다. 마르둑의 '말의 힘'을 확인한 다른 신들은 그를 혼돈의 여신인 티아맛에 맞설 질서의 신으로 모신다.

말은 행동으로 옮겨질 때 완성된다. 그러나 말이 말로 그치고 행동으로 구체화되지 못하면 거짓이 된다. 고대 히브리어로 '말하다'라는 의미를 지닌 동사 '아마르(amar)'의 원래 의미는 '보이지 않던 것을 보이게 하다'이다.

유대인들은 자신이 말한 것을 지키지 않는 사람을 거짓말쟁이라고 부른다. 서양에서 위증이 가장 중한 범죄 중 하나인 것도 그런 이유에서다. 수련은 자신의 고귀한 생각을 행동으로 옮기려는 노력이다.

색채의 마술사 마르크 샤갈은 자신의 생각을 행동으로 옮기는 이상적인 인간을 〈축제날: 레몬을 든 랍비〉라는 유화로 표현했다. 샤갈은 유대인에 대한 차별이 극에 달했던 19세기 말 벨로루시의 비테프스크라는 유대인 집단 거주지에서 태어났다. 그가 27세에 그린 이 그림은 '이상적인 인간은 누구인가?'에 대한 질문을 던진다.

유대인들은 기원전 6세기에 나라를 잃고 1948년 독립할 때까지 거의 2500년 동안 유럽 곳곳을 떠돌며 연명했다. 이들은 유럽과 아프리카, 중앙아시아는 물론 심지어 중국에서도 자신들만의 집단촌인 게토에 거주하면서 지속적인 차별을 받았다.

대신 그들이 지켜온 종교 의식과 절기가 그들을 하나로 묶어주었다. 안식일 준수와 유대 절기 준수, 그리고 그들만의 음식법인 코셔(kosher)는 그들의 생존을 담보하는 마지노선이었다.

유대인들에게는 1년에 한 번씩 임시로 지은 수카(sukkah)라는 가건물에서 7일 동안 머무는 '장막절'이라는 절기가 있다. 고대 이스라엘인들은 기원전 13세기 이집트에서 탈출

한 뒤 40년 동안 광야에서 살던 시절을 기억하며 새로운 땅에 들어갈 것을 기원했다.

그 전통이 지금까지 이어져 10월 말 장막절이 되면 수카 안에서 음식을 먹고, 일부 신실한 유대인들은 그 안에서 잠을 자기도 한다. 장막절은 과거 이스라엘인들이 그랬던 것처럼 그들도 언젠가 이스라엘 땅으로 돌아가 자신들의 나라가 독립될 수 있기를 기원하는 중요한 의례다.

유대인들은 장막절에 네 가지 식물을 들고 기도한다. 룰라브(대추야자나무), 하닷사(도금양나무), 아라바(버드나무) 그리고 에트록(레몬)이다. 이 네 가지 식물은 디아스포라의 삶을 사는 유대인들의 네 가지 인간 유형을 나타내기도 한다.

우선 룰라브는 맛은 있으나 향기가 없는 식물이다. 룰라브는 경전 연구와 오랜 묵상을 통해 박식함을 갖추었지만 그 지식을 선행으로 옮기지 못하는 사람을 상징한다. 입으로만 좋은 말을 할 뿐, 행동으로 옮기지 않는 사람이다.

공자도 『논어』에서 "시경 300편을 외우고도 정치를 맡아서 민심을 통달하지 못하고 사방에 사신으로 가서도 전문적으로 잘 대처하지 못한다면, 비록 많이 외우고도 무슨 소용이 있겠는가?"라는 말을 했다. 룰라브는 선행이 없는 말이나 믿음은 공허하며 거짓이라는 의미를 담고 있다.

두 번째 하닷사는 향기는 있으나 맛이 없는 식물이다. 하닷사는 천성적으로 착하기는 하나 '토라'를 공부하지 못해 그 선행을 지속할 방법을 모르는 사람을 상징한다. 이들은 경전을 깊이 연구하지도, 마음을 수련하지도 않아서 자신의 선행을 지속적으로 실행하지 못하는 사람들이다.

세 번째 아라바는 맛도 없고 향기도 없는 식물이다. 자신의 생각을 행동으로 옮겨본 적이 없는 사람들을 상징한다. 이 유형은 하루하루를 닥치는 대로 사는 사람들이다. 자신을 위한 최선의 삶이 무엇인지 고민하지 않은 채 주위 환경이라는 소용돌이 속에서 끝없이 요동치는 인간이다.

네 번째 에트록은 향기도 좋고 맛도 좋은 식물이다. 자신을 위한 최선을 찾기 위해 항상 근신하고 '토라'를 연구하는 사람들을 상징한다. 샤갈의 그림 〈축제날: 레몬을 든 랍비〉에 나오는 레몬이 바로 에트록이다. 이 유형의 사람들은 하루라는 결정적인 순간을 가치 있게 보내기 위해 아침에 한 결심을 반드시 그날에 행동으로 옮긴다.

당신은 오늘 하루를 어떤 사진에 담아낼 것인가? 오늘 당신은 응시할 만한 대상을 찾았는가? 그 대상은 남들이 제시한 나와는 상관없는 물건인가, 아니면 온전한 나를 발견하기 위한 대상인가? 그 대상을 찾았다면 자신의 눈과 마음 그리고 머리를 정렬해 그 대상에 초점을 맞추었는가? 그리고 순간을 포착하기 위해 인내했는가?

오늘 하루를 위한 간절하고 감동적인 순간을 담은 사진은, 무아의 상태에서 카메라 셔터를 누르는 검지의 힘에서 나온다. 당신의 고귀한 생각을 실천할 지금이 바로 당신의 결정적 순간이다.

하루는 한 장의 사진이다.————————
우리는 이 하루를 삶의 결정적인 순간으로
———————— 만들어야 한다.

사진가들은 카메라의 작은 렌즈를 통해
세상을 본다. 그리고 ————————
———————— 흘러가는 순간을 포착해
예술로 승화시킨다. ————————

오늘 하루를 위한 간절하고 감동적인 순간을 담은 사진은, 무아의 상태에서 카메라 셔터를 누르는 검지의 힘에서 나온다. 당신의 고귀한 생각을 실천할 지금이 바로 당신의 결정적 순간이다.

유일한 여행은 마음속으로의 여행입니다.

라이너 마리아 릴케, 시인

이주

移住

더
나은
자신을
위한
모험

7년 전부터, 하루가 나의 인생의 전부라고 여기기 시작했다. 그러니까 2011년이 곧 나의 삶의 원년이다. 그때 나는 이전의 삶을 아낌없이 버렸다. 그리고 그 비어 있는 상태에서 새로운 나의 존재를 찾기 위한 여정을 시작했다.

100세 시대에 돌입한 오늘날, 2011년은 내가 50세가 된 해이므로 인생의 한가운데라고 할 수 있다. 그 한가운데는 시작과 마지막의 수학적 평균이 아니다. 이 한가운데는 처음과 마지막이 소멸되는, 알파이자 오메가인 신비한 순간이다.


이탈리아의 대문호 단테는 인생의 절반을 지나왔을 때 『신곡』이라는 위대한 고전을 남겼다. 그는 「시편」 90편에 등장하는 "인간의 수명은 70이고 건강하면 80이다"라는 구절을 염두에 두고, 35세 되던 해인 1300년에 아직 한 번도 경험한 적 없는 마음속 깊은 곳으로의 여행을 시작했다.

그곳은 바로 자신이 무의식적으로 혹은 의식적으로 저지른 죄악이 적나라하게 쌓여 있는 지옥이었다. 단테는 자신의 마음속 깊이 자리하고 있는 무절제와 폭력 그리고 사기라는 죄를 제거하지 않고는 천국으로 가는 정거장인 연옥으로 들어갈 수 없다고 생각했다. 단테의 지옥 여행은 자신의 영적 승화를 갈망하는 인류의 등대가 됐다.

『신곡』「지옥」편의 첫 구절은 "우리 삶의 여정의 한가운데서"이다. 단테가 이 문장에서 표현하고 싶었던 심정을 해설하면 이렇다.

'우리 모두는 인생이라는 여정을 떠난 사람들입니다. 여정은 기분에 따라 떠났다가 다시 집으로 돌아오는 여행과 달리 자신이 정말 가고 싶고, 다시 돌아오고 싶지 않은 그런 장소를 향해 가는 마음가짐입니다. 내가 내딛는 한걸음 한걸음은 방향인 동시에 목적지이므로 감동스럽습니다.

여러분은 그런 목적지를 가지고 있습니까? 그 목적지를 가지고 있다면 그곳을 향해 나아가고 있습니까? 그 여정을 떠날 장소와 시간을 알려드리겠습니다. 바로 지금, 여기입니다.'

'이주(移住)'의 가장 중요한 목적은

자신에게 익숙한 환경과
결별하는 일이다.

이 결별을 통해
자신이 열망하는 꿈을
실천할 수 있다.

'이주(移住)'의 가장 중요한 목적은 자신에게 익숙한 환경과 결별하는 일이다. 이 결별을 통해 자신이 열망하는 꿈을 실천할 수 있다.

단테는 자신을 완벽한 인간으로 만들기 위해 자신의 죄가 겹겹이 쌓인 '자기 마음'이라 불리는 지옥으로 과감히 여행을 떠났다. 이 솔직한 여행 이야기는 인류의 고전이 됐다.

단테보다 앞서 이주를 통해 새로운 공동체를 창조한 인물들이 있다. 그 첫 번째 인물은 상인 무함마드다.

그는 당시 최고의 대상 무역 도시인 사우디아라비아의 메카에서 태어났다. 메카 사람들은 현대인들과 마찬가지로 물질의 풍요가 최고의 삶이라고 여겼다. 당시 종교들은 이 풍요로운 장사로 사익을 추구했다.

무함마드는 메카에서 시리아의 다마스쿠스로 가는 대상 낙타를 몰던 가난한 청년이었다. 그래도 신망이 두터워 아랍어로 '믿을 수 있는 사람'이라는 의미의 '엘 아민(el-amin)'으로 불렸다. 그런 그를 유심히 지켜보던 여인이 있었다. 당시 메카 최고의 부자 카디자였다. 과부였던 카디자는 40세의 나이에 25세 청년 무함마드에게 청혼했고 둘은 결혼했다. 무함마드는 이제 가난뱅이가 아니라 물질적인 풍요를 만끽할 수 있는 운 좋은 사람이 됐다. 그러나 그가 그저 운 좋은 사람으로 남았다면 오늘날 그를 기억하는 사람은 아무도 없을 것이다. 누구나 언젠가는 죽는다는 이 엄연한 사실을 잘 알고 있는 인간에게 중요한 것은 무엇일까. 무엇이 우리의 이름을 기억하게 만들까.

무함마드는 종종 메카 외곽에 있는 산에 올라가 무엇이 인간다운 삶인지에 대해 묵상했다. 40세가 되던 어느 날, 히라 동굴에서 기도 중이던 그는 처음으로 마음의 섬세한 소리를 듣는다. 그가 감지한 거룩한 소리는 『꾸란』에 다음과 같이 기록되어 있다. "(우주를) 창조한 너의 주님의 이름으로 낭송하라."

이 구절의 의미는 이렇다. '너는 우주를 창조하는 분이 누구라고 생각하느냐? 산과 바다, 인간과 동물, 나무와 돌들을 누가 만들었는지 생각해본 적이 있느냐? 네가 보는 모든 것들을 만든 존재가 있다. 그분이 바로 너의 주인이다. 그분이 너를 만들었기 때문이다. 너는 이제 너와 상관없는 다른 사람들의 말에 귀 기울이지 마라. 네 마음속에 있는 네 주님의 말에 귀 기울여라. 그리고 네 마음속에 새겨진 거룩한 경전을 너의 입으로 낭송하라.'

인간의 삶은 존재론적으로 마주한 자신만의 신과 대화하는 시간이며, 그 깨달음을 말과 행동으로 표현하는 한 편의 시(詩)다.


622년, 무함마드는 고향을 떠나기로 결심했다. 그는 자신의 모든 생존 기반을 과감히 버리고 자신과 뜻을 같이하는 사람들과 함께 새로운 장소로 이주한다. 그곳은 고향 메카에서 북쪽으로 340킬로미터 떨어진 야스리브(지금의 메디나)다. 무함마드는 이 이주를 '히즈라(hijrah)'라고 불렀다. 히즈라의 어근인 '*h−j−r'의 원래 의미는 '익숙한 것으로부터 스스로를 강제적으로 분리하다'라는 의미다. 유목 사회에서 공동

체에 치명적인 해를 끼친 사람에게 내리는 가혹한 형벌은
바로 고향에서의 추방이다.

무함마드는 자신의 친족들이 있는 곳에서 낯선 곳으로의 이
주를 선택함으로써 법의 보호를 받지 못하는 불법 체류자
가 된다. 그는 새로운 시작을 위해 스스로 그 길을 선택했
다. 그가 선택한 이주를 통해 탄생한 신앙 공동체가 이슬람
이다.


30세가 된 팔레스타인의 청년 예수도 영적인 이주를 통해
새롭게 태어난 경우다. 그는 동네에서 '요셉의 아들, 목수'로
불렸다.

예수는 로마 식민지 이스라엘에서 하루하루를 연명하던 보
통사람이었다. 그는 두 가지 이주 의례를 통해 자연적인 인
간에서 신적인 인간으로 변모한다. 하나는 세례이고 다른
하나는 금식이다.

예수는 요단 강가에서 의례를 통해 회개를 촉구하는 사막
의 예언자 요한을 찾아가 세례를 받는다. 요한은 사람들에

게 회개라는 새로운 개념을 세례라는 상징적인 행위로 가르쳤다.

유대인들은 기원전 6세기부터 특별한 의식을 거행했다. 자신이 지은 죄를 씻는 의미로 몸 전체를 물에 담구는 '테빌라(tevilah)'와 대야나 컵에 물을 가져와 손을 씻는 '네틸라트 야다임(netilat yadayim)'이라는 의식이다. 요한은 요단강에서 테빌라를 행했다. 우리는 이 의식을 세례라고 부른다.

세례란 혼돈을 상징하는 물속에 완전히 빠졌다가 그곳에서 빠져나와 빛과 질서의 세계로 향하는 과정을 상징적으로 표현한 의례다. 혼돈이란 모든 인간에게 주어진 자연적인 환경을 상징한다. 질서는 자신의 환경을 곰곰이 살펴 재정비하는 행위다.


예수의 운명을 바꿔놓은 두 번째 이주는 40일의 금식이다. 네 개의 복음서 가운데 가장 먼저 기록된 「마가복음」에는 그 순간이 다음과 같이 쓰여 있다. "그리고 곧 성령이 예수를 광야로 내보내셨다." 「마가복음」 저자는 예수가 사막으로 간 행위를 성령이 주도했다고 기록했다.

성령이란 예수 자신 안에 존재하는 거룩한 소리다. 그는 그 소리를 감지하고 스스로 광야로 들어간다. 광야란 자신을 익숙한 공동체로부터 이탈시키는 강제적인 행위일 뿐만 아니라 자신을 가장 취약하게 만드는 의도적인 행위다. 예수는 이곳에서 40일이라는 긴 시간 동안 자신이 해야 할 한 가지를 깨닫는다.

예수의 깨달음은 「마태복음」에 다음과 같이 기록되어 있다. "회개하라." 회개는 자신의 잘못을 사제에게 말하는 행위가 아니다. 그것은 삶에 대한 시선을 바꾸는 행위다. 회개는 자기 자신에게 말하는 단호한 결심이자 고백이며, 그 결심을 행동으로 옮기는 수련이자 용기다.

이 구절은 '메타노에이테(metanoeite, μετανοεῖτε)'라는 그리스어로 번역됐다. 이 말의 의미는 '마음을 바꿔라'다. 이 구절을 풀어 해설하면 이렇다.

'당신은 버려야 할 자신의 추악한 마음을 복기해본 적이 있

는가? 당신은 그것을 대치할 삶의 모습을 가지고 있는가?'
예수가 사용했던 언어인 아람어로 '회개하라'는 '타브(tab)'
다. 타브는 '돌아오다/회복하다'라는 의미다.

당신은 익숙한 모든 것들과 결별하고 다른 곳으로의 이주를
감행할 자신이 있는가? 마음속 깊이 숨어 있는 신의 모습을
감지하고 그것을 회복하고자 한다면, 지금 바로 이주를 결
심하고 실행하라.

회개는 ──
자신의 잘못을 사제에게 말하는 행위가 아니다.

그것은 삶에 대한 시선을 바꾸는 행위다.
자기 자신에게 말하는
단호한 결심이자 고백이며,
그 결심을 행동으로 옮기는
수련이자 용기다.

침묵은 지혜를 만들어주는 잠이다.

프랜시스 베이컨

침묵

沈默

넘볼 수 없는 권위

새벽에 눈을 떠 전날 만났던 사람들과 나눈 대화를 복기해 봤다. 그것들은 대개 예상치 못한 상황에서 아무런 생각 없이 무심코 던진 말들이었다.

누군가를 만나면, 먼저 상대방의 얼굴이나 행동으로 그 사람의 심리를 면밀하게 관찰하고 상상해 적절한 말을 건네야 한다. 아무런 준비 없이 사람들을 만나면 그 시간을 가치 있게 만들지 못한다.

사람은 '그 사람이 말하는 그것'이다. 나는 누군가 말을 준비하는 모습과 말하는 태도를 통해 그 사람의 진면목을 본다. 말은 의식적이든 무의식적이든 자신의 생각에서 나올 수밖에 없다. 사람은 생각하지 않은 것을 말할 수 없다. 그러니 그 사람의 말은 곧 그 사람의 생각이다.

생각과 말은 또한 그 사람의 행동으로 자연스레 표출된다. 행동은 그 사람의 생각을 근본적으로 수정하지 않는 한 바뀌지 않는다. 한 사람의 생각과 말을 통해 표출된 행동이 반복되어 굳어진 것을 습관이라고 한다.

철학자 아리스토텔레스는 인간의 최고의 덕을 그리스어로 '아레테(aretē)', 즉 '탁월함'이라고 불렀다. 그는 탁월함을 '훈련과 습관을 통해 성취한 최선'이라고 정의한다. 내가 자주 읽는 책은 나의 생각을 지배하고, 내가 자주 만나는 사람은 나와 비슷한 사람일 수밖에 없다.

어떤 사람에게 탁월함이 있다면 그것은 그의 습관이다. 내가 처한 환경은 나의 습관이 지은 집이다. 어리석은 사람은 자신의 환경과 운명을 원망하지만 지혜로운 사람은 자신의 생각과 말을 살펴 매일매일 개선하려고 노력한다.

스티브 잡스는 2005년 스탠포드대학의 졸업식 연설에서 자기혁신의 기반을 '공간'이라는 단어로 표현했다. 그는 글자들을 돋보이게 하고 가치 있게 만드는 것을, 역설적으로 글자와 글자 사이의 공간이라고 말한다. 만일 글자 사이에 공간이 없거나 글자가 겹쳐 있다면 본래의 의미를 전달하지 못하는 낙서로 전락할 것이다. 스티브 잡스는 이렇게 말한다.

내가 처한 환경은
나의 습관이 지은 집이다.

어리석은 사람은
자신의 환경과 운명을
원망하지만
지혜로운 사람은
자신의 생각과 말을 살펴
매일매일 개선하려고
노력한다.

저는 세리프(serif)와 산세리프(sans serif) 글자체를 공부했습니다. 그리고 저를 매료시킨 것은 글자와 글자 사이의 공간입니다. 그 공간은 아름답고, 역사적이며, 예술적으로 미묘해서 과학으로는 도저히 포착할 수 없습니다. 이 공간은 나를 미치게 합니다.

공간(空間)은, 태양[日]이 두 문(門) 사이로 떠오르는 이른 아침, 자신의 마음속 깊은 구멍[穴]에 너저분하게 쌓여 있는 것들을 밖으로 끄집어내는 기술[工]이다. 잡스는 매일 아침 자신이 마련한 침묵의 공간에서 명상을 수련했다. 침묵(沈默)은 위대한 시작을 위한 공간이다.

성서 「요한복음」은 그전에 기록된 세 권의 복음서와는 그 세계관이 전혀 다르다. 「요한복음」은 이렇게 시작한다. "처음에 말이 있었다."
이 문장에서 '말'로 번역된 그리스어는 '로고스(logos)'다. 여기서 로고스는 말이나 이성뿐 아니라 행위와 역사의 변화까지 포함하는 우주와 삶의 원칙 같은 것이다.

위 문장을 보면 '말' 이전에 전치사구 '처음에'라는 단어가 등장한다. 이 문장을 '처음이라는 것을 통해 말이 생겼다'라고 번역할 수도 있다. '처음'에 해당하는 그리스어는 '아르키(archi)'다.

아르키는 건축을 뜻하는 단어 '아키텍처(architecture)'의 앞부분으로, '우주의 탄생을 준비하기 위한 엄숙한 침묵과 침묵이 깨지는 순간의 시작'을 의미한다.


자연은 침묵한다. 그래서 산과 바다는 언제나 우리에게 경이로움을 선사한다. 위대한 연주는 우리를 매혹시킨다. 연주자가 훈련해온 침묵의 시간들이 우리의 마음에 고스란히 전달되기 때문이다.

위대한 사상가는 우리가 걸어가야 할 삶의 지표를 분명하게 제시해준다. 그들은 자신만의 침묵의 동굴에서 하늘과 땅을 관통하는 삶의 원칙을 깨달았기 때문이다. 위대한 리더는 믿을 만하다. 그들을 따르는 수많은 사람들의 어려운 처지를 헤아려 남몰래 조용히 눈물을 흘리기 때문이다.

침묵은 자기훈련이자 자기절제다. 자기를 광고하기 위해 안
달이 난 사회에서 스스로 물 아래로 깊이 침잠(沈潛)하는 행
위다. 그리고 자신의 마음과 생각을 정성스럽게 담아 압도
적이면서도 감동적으로 말하기 위해 입을 다문다. 나는 오
늘 어떤 감동적인 말로 입을 다물어야 할까?

진정한 용기는 저속한 영웅들의
사나운 힘이 아닙니다.
그것은 덕과 이성이 만들어낸 견고한 결심입니다.

알프레드 화이트헤드

# 패기

霸氣

꿈의 실현을 가능하게 하는 내공

'오늘'은 인생이라는 긴 여정의 필수불가결한 과정이다. 오늘 하루를 자신에게 주어진 삶의 중요한 단계로 만들고 싶다면, 어떤 전략을 취해야 할까? 쏜 화살처럼 달려와 눈 깜짝할 사이에 아련한 과거가 되어버리는 이 '시간'을 어떻게 장악해야 할까?

오늘이라는 시간을 대하는 두 가지 삶의 태도가 있다. 하나는 시간이 장소를 통해 만들어내는 사건에 무의식적이며 습관적으로 반응하는 방식이다. 이럴 경우 시간과 공간에 매몰되어 그것들의 노예가 된다.

또 하나는 내가 완주하고 싶은 목표를 향해 전략을 짜고 묵묵히 실천하는 방식이다. 그리고 나는 제3의 관찰자가 되어 나 스스로 그 방식들을 완수하도록 독려한다.

스토아 철학을 수련하던 고대 로마 사람들은 인생의 욕망을 부추기는 다양한 유혹들, 예를 들어 명성 같은 것에 관심이 없었다. 다른 사람들의 기대에 자신을 맞추기보다는 자신이 원하는 모습으로 스스로를 조금씩 만들어갔다.

오늘 하루를
자신에게 주어진
삶의 중요한 단계로
만들고 싶다면,
어떤 전략을 취해야 할까?
쏜 화살처럼 달려와
눈 깜짝할 사이에
아련한 과거가
되어버리는
이 '시간'을 어떻게
장악해야 할까?

그들은 자신에게 감동을 줄 수 있는 인생이라는 예술작품을
만들기 위해 몰입했을 뿐이다. 그들은 스스로에게 두 가지
질문을 했다. 삶에 있어서 숭고한 가치는 무엇인가? 그리고
그 가치를 자신의 영혼과 몸의 자양분으로 받아들이기 위한
효과적인 전략은 무엇인가?

그들은 정적(靜寂)을 한 번 주어진 인생에서 추구해야 할 가
장 가치 있는 덕목으로 여겼다. 일본의 선불교나 고대 그리
스의 에피쿠로스 철학도 정적을 최선의 덕목으로 삼았다.
선불교에서는 자신의 마음속에서 흘러나오는 욕심을 근거
로 한 모든 생각과 형상을 바라보고 그것들을 흘려보내는
좌선(座禪)을 통해 정적에 도달한다. 에피쿠로스 사상가들
은 쾌락을 만끽하기 위해 삶을 간소화하며, 우정과 묵상을
실천한다.

그러나 스토아 철학을 수련하는 사람들은 이들과 다른 전
략을 사용했다. 스토아 철학을 실천하는 사람들의 전략은
'최악의 상황을 미리 상상해 대비하는 것'이다. 그들은 이

마음가짐을 라틴어로 '프리메디타치오 말로룸(premeditatio malorum)', 즉 '최악에 대한 예모(豫謀)'라고 명명했다.

스토아 철학자 세네카는 여행을 갈 때에도, 최악의 시나리오를 미리 상상했다. 갑자기 폭풍우가 불어 닥칠 수도 있고 해적에게 배가 나포될 수도 있기 때문이다. 세네카는 이렇게 말한다.

지혜로운 자에게는 최악의 상황이 예상 밖으로 일어나지 않는다.

나는 이런 마음가짐을 패기(霸氣)라고 정의하고 싶다. 패기는 밤하늘에 떠 있는 달과 같다. 달은 만물이 활동하는 낮에는 해에게 자리를 내주어 스스로 자취를 감춘다. 그러다 밤이 되면 살포시 나와 자신을 하늘 더 높이 띄워 올린다. 바다 한복판에서 길을 잃은 선원들에게 길을 알려주고, 사막에서 헤매는 무역상에게 시간을 알려준다.

달은 현재의 자신에 안주하는 법이 없다. 시간에 따라 다른 모습으로 변신하며 자신이 가야 할 길을 묵묵히 걸어간다. 처음에는 거의 보이지 않는 약한 모습으로 등장하지만 시간이 지나면서 점차 완벽한 모습으로 변화한다.

달은 자신을 비울 줄 안다. 완벽한 보름달의 모습을 유지하려고 안달하며 애쓰지 않는다. 자신의 모습을 다시 부숴 아무것도 아닌 상태로 돌아간다. 달에게 비움과 채움은 하나다.


패기의 '으뜸 패(霸)'는 비[雨]가 우수수 내리는 한밤에 달[月]과 같이 어제를 고집하지 않고 스스로 혁신[革]해 등장하는 자의 모습이다.

성공적인 혁신은 자신에게 익숙하고 편한 자리를 떠날 뿐만 아니라 진부한 과거로 회귀하려는 모든 잔재를 완벽하고 섬세하게 제거할 때 가능하다.

패기를 지닌 자는 스스로를 드러내지 않으며, 자신이 취해야 할 모습으로 적절하게 변신한다. 그리고 자신이 도달해야 할 목표를 향해 묵묵히 걸어간다.

패기는──
밤하늘에 등장하는 달과 같다.

패기를 지닌 자는 스스로를 드러내지 않으며,
자신이 취해야 할 모습으로 적절하게 변신한다.
그리고 자신이 도달해야 할 목표를 향해
묵묵히 걸어간다.

숭고한 꿈을 꾸십시오.

당신이 꿈을 꿀 때 당신은 그 꿈이 됩니다.

당신의 비전은 당신이 언젠가 실현할 약속입니다.

당신의 이상은 당신이 마침내 드러낼 예언입니다.

제임스 알렌, 작가

# 지금, 바로 이 순간을 낚아채십시오!

밤이 되면 하늘에 총총히 자신의 존재를 드러내는 별들은
낮이 되면 햇빛에 자신의 모습을 감추고, 밤이 되면 달빛에
찬란함을 양보한다. 별은 해와 달처럼 주변을 장악하지 않
으면서도 밤이면 비할 데 없는 영롱한 빛으로 우리의 눈에
고요히 들어온다.

밤하늘을 수놓은 별들 가운데 고유하지 않은 것은 하나도
없다. 크기와 색깔, 빛의 세기가 모두 다르다. 그래서 고유
한 것은 언제나 품위가 있다. 그러나 어떤 과학자도 이 품
위 있는 별들의 비밀을 낱낱이 알아내지 못했다. 고대 수메

르인이 별을 쐐기문자로 '✳'라고 표시하고 '딩길(DINGIR)', 즉 '신'이라고 부른 이유를 어렴풋이 알 것 같다.

저 수많은 별들 가운데 나의 별은 어디쯤에 있을까? 그 별을 찾는 자신만을 위한 최선의 공간과 시간이 있다. 바로 '수련'이다.

스스로에게 정직하고 온전한 사람이 되기 위해 수련하는 사람은 자신의 운명뿐 아니라 자신이 속한 공동체를 바꿀 수 있다. 나의 행동이 나를 돕는 천사이며 나의 운명을 결정하는 신이다.

21세기 새로운 복음은 이것이다. "인간은 스스로에게 별이다." 이 믿음을 지닌 사람들을 우리는 영웅이라고 부른다. 그들은 인간에 대한 깊은 이해와 동료들에 대한 심오한 배려, 그리고 미래를 자신의 이상으로 개척하려는 패기를 지닌 자들이다.

천재적인 인간은 항상 자신의 심연에서 흘러나오는 선율에 어린아이처럼 반응한다. 역사는 위대한 자신을 믿고 묵묵히 수련하는 용감한 사람들의 것이다.

이 세상에 내가 흠모하는 '감동적인 나'보다 거룩한 교리는 없다. 내가 승복한 유일한 대상은 나 자신뿐이다. 당신의 수련은 지금 어디로 향하고 있는가?

위대한 자신을 조각하기 위한 다음 단계는 수련하는 나 자신을 유지시키고 인내하는 일이다. 이 책이 인생이라는 자신만의 거룩한 여정 위에 선 도반들에게 도움이 되었기를 바란다.

2018년 4월

배철현

KI신서 7371

# 수련

**1판 1쇄 발행** 2018년 4월 18일
**1판 10쇄 발행** 2023년 3월 1일

**지은이** 배철현
**펴낸이** 김영곤 **펴낸곳** ㈜북이십일 21세기북스

**인문기획팀장** 양으녕 **디자인** 씨디자인
**출판마케팅영업본부장** 민안기
**마케팅1팀** 배상현 한경화 김신우 강효원
**출판영업팀** 최명열 김다운
**e-커머스팀** 장철용 권채영
**제작팀** 이영민 권경민

**출판등록** 2000년 5월 6일 제406-2003-061호
**주소** (10881) 경기도 파주시 회동길 201(문발동)
**대표전화** 031-955-2100 **팩스** 031-955-2151 **이메일** book21@book21.co.kr

**(주)북이십일** 경계를 허무는 콘텐츠 리더

21세기북스 채널에서 도서 정보와 다양한 영상자료, 이벤트를 만나세요!
**페이스북** facebook.com/jiinpill21    **포스트** post.naver.com/21c_editors
**인스타그램** instagram.com/jiinpill21    **홈페이지** www.book21.com
**유튜브** www.youtube.com/book21pub

**서**울대 **가**지 않아도 들을 수 있는 **명강**의! 〈서가명강〉
유튜브, 네이버, 팟캐스트에서 '서가명강'을 검색해보세요!

ⓒ 배철현, 2018
ISBN 978-89-509-7418-3  03100